ORGANIZAÇÃO

Fórum do Campo Lacaniano - MS

Ágora Instituto Lacaniano

O FEMININO E SEUS AVATARES

1ª edição: março de 2023

Dados Internacionais de Catalogação na Publicação (CIP)
Ficha catalográfica elaborada por Angélica Ilacqua CRB-8/7057

F375 O feminino e seus avatares / organizado por Fórum do Campo Lacaniano (MS), Ágora Instituto Lacaniano. -- São Paulo : Aller, 2023.
160 p.

ISBN 978-65-87399-48-5
ISBN 978-65-87399-47-8 (livro digital)

1. Psicanálise 2. Feminismo 3. Mulheres I. Fórum do Campo Lacaniano (MS) II. Ágora Instituto Lacaniano

23-0850 CDD: 150.195
CDU 159.964.2

Índice para catálogo sistemático
1. Psicanálise

Publicado com a devida autorização e com todos os direitos reservados por

Aller Editora
Rua Havaí, 499
CEP 01259-000 • São Paulo — SP
Tel: (11) 93015-0106
contato@allereditora.com.br
Aller Editora • allereditora

SUMÁRIO

APRESENTAÇÃO

A ideia desse livro, *O feminino e seus avatares*, surge após constatarmos que, em dois anos de pandemia, nós, psicanalistas daqui do Mato Grosso do Sul, realizamos dois eventos com essa temática. Em agosto de 2020, Juliana Costa organizou com primor, pelo Ágora Instituto Lacaniano, o evento *O feminino e a psicanálise: seus grilhões e sua liberdade*. Em junho de 2022, o Fórum do Campo Lacaniano do Mato Grosso do Sul realizou uma jornada incrível intitulada *Por que matamos nossas mulheres? Psicanalistas discutem o feminicídio*, organizada por Tatiana Siqueira, incansável trabalhadora pelo FCL-MS. Diante da triste realidade de que a cada minuto vinte e cinco brasileiras sofrem violência doméstica, retomamos a célebre e tão utilizada frase de Lacan: "O psicanalista deve estar à altura de seu tempo".

Mas, como discutir o feminicídio a partir do viés da psicanálise sem cair numa vitimização da mulher? O feminino, suas aflições, seus enigmas, o não-todo, o Outro, a violência, os enlaces do amor, do desejo, do gozo permeiam as investigações dos trabalhos desenvolvidos nesse livro. As aflições femininas estão presentes desde a existência da humanidade, a cada época a sociedade articula um discurso na tentativa de nomear o feminino. Desses encontros se decantaram as contribuições que aqui estão presentes:

Pricila Pesqueira aponta o machismo e o patriarcado na obra de Camille Claudel. "Escultora talentosíssima, trabalhadora assídua, que não correspondia ao padrão 'bela, recatada e do lar', esperado das mulheres no sistema patriarcal". Narra as aflições de uma mulher que vive uma história de devastação com sua mãe, que não encontra aparo no amor por um homem e no laço social. Pesqueira marca o quanto "a sociedade como um todo frequentemente se omite diante das injustiças".

Em seguida, Francina Sousa nos captura na produção de seu texto "Mulheres e Caça às Bruxas: Diálogo com Silvia Federici". Sobre essa mulher tida "como má, demoníaca, bruxa", mulheres que fizeram arder em fogueiras, Sousa coloca a questão: "Qual teria sido a receita cultural não seguida por aquelas que foram queimadas em nome de Deus, sob a acusação de servas do Diabo?". Apresenta, em sua construção, que a discriminação das mulheres e o racismo estão na raiz da consolidação do sistema capitalista de produção.

Os atos violentos são marcados ao longo da história de diversas formas. Como nos conta Hilza Ferri sobre "Lulu, Zefa e a menina: Histórias da Casa Grande". "O interior de uma casa guarda segredos inimagináveis, que uma garganta gasguita é proibida de dizer". "Calar um dizer, tirar a história do sujeito, mesmo sendo esta sua ficção é destruidor". Seu texto expõe a violência do modelo patriarcal, racista e colonialista e caminha do não-dizer ao dizer, apostando na psicanálise como uma possibilidade dos dizeres reaparecerem.

"Qual seria a ética do psicanalista entre a posição do sujeito que goza e o compromisso político de combater a violência contra a mulher?", pergunta Daniel Foscaches. Diante dessa preocupação, ele desenvolve um texto riquíssimo nos lembrando que "cada indivíduo está propenso a utilizar os demais para satisfazer parte de suas necessidades e pulsões". Aponta que um analista deve investigar a constituição de seu gozo e a sua responsabilidade nessa escolha, apostando que o desejo, submetido a lei, sobrevenha ao gozo.

Marisa Costa pesquisa a violência nas histórias de amor vivida pelas mulheres, diferenciando os dramas e impactos do amor da devastação, dos estragos e da aflição. Elabora a questão que vai responder em seu admirável texto: "Quando uma mulher faz suas concessões para estar com um homem a ponto de ser violentada, isso apontaria para algo de seu fantasma: o que faz com que algo agrade ou não uma mulher?".

Sobre o amor, Andréa Brunetto faz a pergunta: "As mulheres só pensam no amor?". Diante de tal questionamento, faz construções belíssimas sobre a mulher, o não-todo, o amor e o desejo. Apontando que "dizer que a mulher procura o amor não diz de toda a sua procura, não há todo em sua procura", ela nos lembra que não há todo a dizer do lado direito da fórmula da sexuação: "Nem quanto ao amor, nem quanto à mulher, nem quanto à verdade".

Nós amamos o amor e falamos de amor o tempo inteiro. É disso que se fala em uma análise, nos diz Juliana Sperandio Faria em seu texto. Trata-se do amor contado um a um. Isso implica em diferentes formas de amor, por isso dizemos que a psicanálise nos ensina que o amor é plural, possibilitando reconhecer o humano que existe por trás de cada voz, não para corroborar a tradição, mas sobretudo para confirmar que se faz tudo por amor, conclui em sua transcrição Lígia Burton Ferreira.

Na obra *E o vento levou,* o encontro amoroso na trama da personagem Scarlett apresentado no início do texto é impossibilitado, pois o amante está prometido em casamento para a prima, Melanie Hamilton. Porém, a protagonista não se dá por vencida e, por um grande amor, faz tudo para ficar próxima do rapaz, até mesmo casar-se com Charles Hamilton, irmão de Melanie. É com a análise dessa trama que a escrita de Mariana Mendes Bonato nos captura.

Sigmund Freud é citado por Tatiana Siqueira Ribeiro, para fazer referência à noção da culpa, em *O mal-estar na civilização,* no qual estabelece que, na relação em sociedade, a agressividade é um aspecto importante. Ela está presente nas relações humanas, ainda que se tente negar. A agressividade é inerente ao humano. O caminho percorrido por Freud o levou a concluir que o sentimento de culpa está relacionado com o desamparo humano, com a dependência do ser falante em relação aos outros e com o temor de perder o amor a ele dirigido. O temor da punição acarreta culpa, que viria justamente daquele que supostamente a ama ou protege.

Na tentativa de cumprir com a promessa de amor e negar a realidade da própria existência, o modo de defesa aparece, ofuscando uma nova escolha, uma outra escolha. No recorte da passagem descrita por Rocio Fabiane, é possível ler que, na Espanha do século XVI, as mulheres tinham três escolhas: o casamento, a fogueira ou o convento. É nessa época que Santa Teresa d'Ávila somente pode falar sobre o gozo do exílio em si mesma pela escrita.

Claudia Wunsch resgata o primordial das contribuições de Lacan sobre o feminino na psicanálise: "há um mistério sobre o que se passa do lado feminino", uma vez que "não há 'A mulher' no universal, há mulheres e cada uma inventa, transita, aquece e padece à sua maneira, sua existência é obra sem-par".

Ana Laura Prates se arrisca no espinhoso e necessário diálogo entre feministas e psicanalistas a partir das questões relativas à maternidade. Se tal diálogo começou mal, repleto de afastamentos entre ambas, a autora sustenta com sua pesquisa que é possível cingir algumas aproximações, a começar por leituras não-reducionistas e não-biologizantes da condição da mulher. Uma conversa pode existir se considerarmos que tanto a psicanálise, quanto Simone de Beauvoir, sustentam a diferença e a escolha dos sujeitos. Elisabeth da Rocha Miranda comenta com propriedade, por sua vez, a obra autobiográfica de Violette Leduc sobre a sua relação devastadora com a mãe. Leduc foi contemporânea e próxima de Simone de Beauvoir, que lhe incentivava a escrever. "A escrita de Leduc situa-se no corpo e traz gozo. Escrita através da qual ela fala-se, diz-se, escreve-se, tecendo o sujeito que é".

Juliana Costa e Maria Anita recuperam a forma de amar das mulheres a partir da adolescência, pois como diz Quinet "o despertar do amor é sempre adolescente"[1]. É na adolescência que se dá também o encontro com o Real do sexo, o qual pode ser vivido como uma saída pela fuga do sono. Assim, Juliana lembra que "se para Lacan, o despertar do sexo demarca a especificidade da adolescência, em Freud observamos que o sono, em Dora, só era atrapalhado pela danada tosse".

Maria Anita Carneiro Ribeiro acredita que nunca houve história mais bela do que a história de amor entre dois adolescentes, Romeu e Julieta, de Shakespeare. Para tanto, ela analisa a forma de amar de cada um que, é claro, não coincide. Julieta "encarna o terrível sujeito do desejo", uma vez que seu desejo é desejo de desejo. A personagem "investe contra os semblantes em nome do amor e do desejo, em nome desse mesmo amor e desejo, deixa-se enganar e tenta enganar o outro". A autora marca o saber que o poeta tem sobre o inconsciente.

Por isso decidimos iniciar e concluir esse livro com contos de duas escritoras sul-mato-grossenses. No viés da maternidade, "Um conto de alma", de Gleycielli Nonato realmente toca nossa alma. Uma história emocionante sobre maternidade e obscuridade que atravessa uma mulher quando dá à luz. É também sobre o medo de uma mãe de perder um filho. Sabe-se, com a psicanálise, que a angústia da mãe é a "angústia de perder o filho, é claro — e sabemos da força das fantasias que visam à morte do filho; também angústia de sua castração"[2].

Isloany Machado, nossa poeta do FCL-MS, nos presenteia com um conto intenso que fala da repetição no amor pois,

---

[1] QUINET, Antonio "To be or not to be in love sem adolescer?" In: *Stylete 16*. Rio de Janeiro, maio de 2016.

[2] SOLER, Colette. *O que Lacan dizia das mulheres*. Rio de Janeiro: Jorge Zahar Editor, 2005, p. 101.

como diz Colette Soler, "o primeiro amor é sempre o segundo"[3]. Aprendemos com Freud[4] que nossa forma de amar procura infindáveis objetos substitutos na vida adulta, objetos que advêm do infantil de cada um, da relação com seus pais. Nas palavras da escritora "sempre volto ao primeiro amor extraviado. Meus pés conhecem o caminho, tantas e tantas vezes que já estive ali. A marca da recusa impressa em mim, sulcando na carne os veios por onde todos os outros amores deverão passar".

Enfim, é com muita alegria que apresentamos o livro e esperamos atiçar os leitores para seguirem conosco nessa aventura que é o feminino e seus avatares. Porém, não sem antes agradecer ao trabalho decidido de Marcelo Bueno, que cuidadosamente nos ajudou na revisão dos textos que compõem esse livro.

Campo Grande — MS, 20 de outubro de 2022.

Claudia Wunsch
Juliana Costa
Marisa Costa

---

[3] SOLER, Colette. *A psicanálise na civilização.* Rio de Janeiro: Contra Capa Livraria, 1998, p. 367.

[4] FREUD, Sigmund. "Sobre a Tendência Universal à Depreciação na Esfera do Amor" (Contribuições para Psicologia do Amor II). In: *Edição Standard brasileira das obras psicológicas completas de Sigmund Freud.* Vol. XI. Rio de Janeiro: Imago, 1912/1996.

MUSEU

Isloany Machado[1]

Encaro no espelho o feixe de cabelos brancos que recuso esconder. Cada vez mais parecida com ela, a mãe. Seus traços emergindo em meu rosto conforme o tempo vai drenando as águas. As cores do pai emolduram meu retrato. Pareço uma réplica malfeita, inacabada.

Aos poucos o desbotamento. Efeitos do tempo e da luminosidade excessiva. Entendi isso quando fui visitar a Monalisa, a obra mais protegida das luzes e das pessoas. Gostaria de preservar minhas cores vivas, o sagrado coração pulsante. Fazer o tempo parar. Nada sabemos do futuro. Ele existe? Às vezes tenho a impressão de que caminho para ele de costas, e construo um museu particular de desencontros.

Preservo cuidadosamente cada peça do memorial. Tento enganar o tempo. Entre retratos e outros pedaços empalhados de memória, mantenho úmidas as lembranças. Não quero perder o que já perdi. Por mais difícil que seja perder um amor, pior é perder o lugar que se supunha ter para o outro.

Vivissecção do amor: ele não morre, atravessa o tempo. Mas de que morte estou falando? Do objeto que aceitava recobrir-se das vestes do amor? E o objeto, por acaso, morre?

---

[1] Psicanalista e escritora. Membro da EPFCL-Brasil, do Fórum do Campo Lacaniano – MS e do Ágora Instituto Lacaniano. Contato: isloanymachado@gmail.com

Caminhando pelas salas de exposição, sempre volto ao primeiro amor extraviado. Meus pés conhecem o caminho, tantas e tantas vezes que já estive ali. A marca da recusa impressa em mim, sulcando na carne os veios por onde todos os outros amores deverão passar. Sempre os mesmos circuitos, notáveis em cada peça.

Grito.

Com que surpresa?

Um ímpeto de destruir tudo, mas não posso. Os objetos têm vida própria. Percorro mais uma volta para ter certeza daquilo que acabo de constatar. O traço peçonhento de um amor aninhado no outro e no outro e no outro. Reprodução partenogênica. Meu sítio arqueológico é um labirinto do qual não encontro a saída.

Me deito na cama de fazer sonhos. Me entrego mais uma vez ao amor, desta vez àquele que interroga, que revolve e arranca os trilhos, que desvia o curso dos veios. O amor que me permite chegar à última sala do museu, mais próxima da saída.

Encaro no espelho da última parede o feixe de cabelos brancos que recuso esconder. Pintura inacabada, rascunho, saio pela porta para descobrir quem serei. "Tua cabeça avança: o novo amor! Tua cabeça recua — o novo amor! 'Muda nossos destinos, passa ao crivo as calamidades, a começar pelo tempo'", relembro Rimbaud. Quero me expor à luminosidade, porque já não posso preservar as cores. Quero sentir a força do tempo, antes que tudo não passe de uma fotografia guardada na gaveta.

PAIXÕES E VIOLÊNCIAS NO ABISMO DA NÃO-RELAÇÃO

JULIANA SPERANDIO FARIA[1]

Nós amamos o amor e falamos de amor o tempo inteiro. É disso que se fala em uma análise. Mas não é privilégio do *setting* analítico o bláblábá do amor. Seja o amor drama ou comédia, ele é signo de um mal-estar que foi denunciado por Freud com a ideia do objeto perdido. Mal-estar causado pela mal-diz-ção, essa coisa mal-dita da relação sexual. De todo modo, para a psicanálise, o amor é "mentiroso", "impossível", "narcísico" e, surpreendente, "sempre recíproco" — além de ser, quando universal, segregacionista.

Talvez vocês se perguntem por que eu começo falando do amor se estamos aqui hoje reunidos para falar de "ódio" e de "violência". Posso dizer, como o próprio Lacan afirmou, que o ódio e amor são apenas dois lados de uma mesma moeda. As histórias de violência contra a mulher começam no amor, se nutrem na ignorância e desembocam no ódio. Amor, ódio e ignorância compõem a trilogia de paixões estruturada por Lacan. Sendo "paixões", na psicanálise, aquilo que nos impulsiona a agir. Essa é a tese: agimos sempre em função do amor,

[1] Juliana Sperandio Faria é psicóloga e psicanalista membro da EPFCL-França, especialista em psicologia clínica (PUC-RJ), mestre e doutoranda em psicanálise pela Université Paris Cité. Contato: julianasperandiopsi@gmail.com

do ódio ou da ignorância. Dito isso, trarei as paixões para falar daquilo que leva a agir de forma violenta contra mulheres: o que faz o amor bascular no ódio? E por que falar de um "ódio" dirigido às mulheres? Podemos "curar o ódio"?

Interessante que, na psicanálise, sempre falamos das mulheres e do amor. Mas não parece tão atrativo falar do "ódio". Se, por um lado, adoramos falar de amor, sabemos que a ignorância, além de paixão, é "uma benção". Não querer saber muito é inevitável; não queremos saber sobre a mal-diz-ção que pode acabar no ódio. De fato, só queremos saber do amor. Aí está o ponto: queremos saber sobre o amor que é, por definição, ponto do que resta insabido; queremos falar de amor, sendo a própria linguagem um obstáculo à plenitude amorosa. Falar de amor é um gozo. Daí, concluir que o amor é sempre recíproco parece bonito, mas na verdade é trágico. Explico o porquê.

O amor está no marco da nossa constituição psíquica em forma de rejeição. É o marco da primeira rejeição amorosa. A tragicomédia contada nos divãs, tecido da fantasia, onde o sujeito estabelece a ficção que fixa todas as relações possíveis com o objeto. Aí está o motivo do amor ser recíproco. Certamente, o amor não é sempre recíproco porque somos sempre amados. Seria uma delícia alimentar esse delírio erotomaníaco, mas não é verdade. A verdade, que é sempre meio-dita, é que o amor é recíproco por enquadrar o outro sempre na minha fantasia, fazendo com que eu me encontre com a mesma coisa de sempre: o famoso "dedo podre", diríamos no senso comum.

Faço um pequeno parêntese sobre a fantasia porque frequentemente esquecemos de mencionar que ela é, antes de tudo, masoquista, por responder a um impossível como se fosse da ordem de uma impotência que precisa ser superada. Por ser impossível ela é, por definição, fadada ao fracasso e, portanto, às repetições. A tentativa de levar a promessa do amor incondicional às últimas consequências, pode nos levar a negação da própria existência na medida em que não há alternativa de **ser** sem a **falta** para **o "falta-a-ser"**. Na tentativa de fazer Um de dois, há um que precisa ser silenciado, pois, na psicanálise, a matemática do amor só faz Um, mas nunca com dois. Trata-se do Um sozinho, contado um a um. Aqui temos a passagem do amor marcado pelo limite da castração até o amor desmedido da erotomania feminina.

A castração é, portanto, falha irreparável e o objeto perdido, alucinado. Quando se recupera algo, é sempre parcial e deixa um resto. Mas, não poder tapar a falta não me impede de construir formas de fazer com ela, sendo o saber-fazer a própria proposta da análise. Isso implica em diferentes formas de amor. Por isso, dizemos que a psicanálise nos ensina que o amor é plural e há, portanto, uma possibilidade de lidar com um certo tipo de amor que é "mais digno"[2], esse que encontraremos no final de uma análise.

Dentre as estratégias do fazer com a castração, as fórmulas da sexuação traduzem duas realidades discursivas, marcando diferenças no âmbito do amor, do desejo e do gozo. O muro da linguagem divide duas posições subjetivas, a do homem e a da mulher, sendo nenhuma delas natural ou biológica, na medida em que a linguagem, que estrutura as experiencias humanas, desnaturaliza o sujeito. Além disso, o próprio discurso implica em duas diz-menções: a primeira estrutural e a segunda, social, essa que não é sem a história e que capta traços de uma cultura para trançar a banda de Moebius que representa o sujeito.

---

[2] A ideia lacaniana de que uma análise é capaz de produzir "o amor mais digno do que a profusão do palavrório que ele constitui até hoje" encontra-se no texto "Nota italiana", disponível nos *Outros escritos* de Jacques Lacan. LACAN, Jacques. "Nota italiana". In. *Outros escritos*. Trad. Vera Ribeiro. Rio de Janeiro: Jorge Zahar Ed., 2003, p. 315.

Tendo isso dito, podemos traçar um paralelo entre *ab-sens*[3] sexual, paixões e violência. Primeiramente, a violência contra as mulheres é duplamente sintomática na medida em que toca estrutura e cultura. Nesse recorte do social, podemos, por exemplo, dizer que, no Brasil, trata-se de um sintoma gritante, pois fomos colocados no lugar do 5° país do mundo que mais comete feminicídio. A respeito disso, não podemos esquecer que Lacan nos ensinou que a psicanálise está diretamente implicada nas urgências subjetivas de sua época e isso é tão imperativo que Lacan aconselha àquele que não levar isso em conta a renunciar à sua prática analítica. Curioso então, que falemos tão pouco desse sintoma que grita através dos corpos silenciados que morrem dia após dia em nosso país. Sem contar as mulheres que não estão na estatística, afinal, a contagem que vale para a psicanálise vai no um a um e nós sabemos que há violências que deixam marcas psíquicas mais graves do que as que um médico legista é capaz de mensurar.

As dores de um amor violento batem em cima da ferida mais aberta que temos. Podemos chamá-la de castração, mas agora evocarei outro nome usado por Lacan: "rejeição do ser". Há um furo no ser e lidamos muito mal com furos. Lacan evoca, no

[3] A palavra *ab-sens* utilizada no texto é uma referência à famosa expressão lacaniana "Não há relação sexual", tradução da frase original em francês "Absence du rapport sexuel". Tal como Lacan tinha o costume de fazer com seus neologismos, a palavra "ausência" (*absence* em francês) pode ser também escrita *ab-sens*, uma vez que o "som" permanece o mesmo. Contudo, ainda que tradução do som da palavra possa ser equivalente, "ab-sens" escreve outra coisa. O prefixo "ab", originário do latim, significa ausência e o sufixo "sens", na língua francesa corresponde ao termo "sentido" no português. Desse modo, o jogo de palavras na frase "ab-sens da relação sexual" revela uma mensagem implícita: a "ausência de sentido" da relação sexual. Desse modo, sendo a não-relação signo de um real, poderíamos fazer uma menção ao real pela própria definição que Lacan dá para esse conceito, ou seja, o real como sendo isso que está fora do sentido.

Seminário 9, uma "foraclusão" que não é mais signo da psicose, mas do "ser" que se encontra foracluído do simbólico, na medida em que "o ser é enquanto falta de texto no mundo"[4]. Foracluído do simbólico, o "ser" retorna no real em forma de resposta ao impossível da relação sexual, resposta à rejeição amorosa primaria constitutiva. Por isso, podemos dizer que **o amor é sempre sintomático.**

O desejo, por sua vez, é esse que não tem nem objeto, nem nome, mas que aflora justamente pelo sujeito que, enquanto dividido, só pode ser irrepresentável. O próprio toro, que representa topologicamente o sujeito, é uma figura que se constitui pelo furo. Ainda assim, precisamos salientar que a impossibilidade de representação não anula a busca identitária. O sujeito vive correndo atrás dos traços e das migalhas do Outro que poderia fornecer um significante para representá-lo para outro significante. Mas os traços identitários propostos pelo Outro são os semblantes de ser para onde se dirige o amor. Isso faz do amor falha de desejo e, desvela que a psicanálise, que tem o analista como causa de desejo, terá efeitos de amor, podendo sustentar, no horizonte das miragens, a existência de um amor com o fim dos semblantes. A análise coloca o sujeito no trilho de seu desejo através da estrada desenhada pelo objeto *a* e, portanto, ela é naturalmente, além de anti-identitária, antidepressiva, antidoto natural contra a devastação que assombra uma mulher. Por não poder "ser" significante, o desejo se faz letra. E é por tomar o desejo "ao pé da letra" que a psicanálise se torna anti-identitária.

A identidade faz miragem. E é, ao perceber isso, que evocamos o ódio. Ódio é a paixão que visa o Um sozinho através do aniquilamento do outro na medida em que o outro é uma ameaça quando reflete no espelho pontos de diferença, possíveis

---

[4] LACAN, Jacques. *Seminário 9, A identificação.* Inédito. Aula de 26 de junho de 1962.

pontos de impotência, colocando-me colocando novamente, portanto, frente à rejeição do ser. Toda "paixão do ser" visa fazer Um e negar a rejeição do ser, que é a inevitável tragédia humana. Se o amor promete Um universal "*à la* Aristófanes", a ignorância faz o Um do sintoma, que não quer saber de nada que possa atrapalhar o seu gozo, ao passo que o ódio relembra a inexistência da relação sexual e tenta, ao mesmo tempo, silenciá-la pela agressividade e o apagamento do outro para que eu possa fazer existir o Um sozinho. Rapidamente concluímos, então, que a agressividade de um sujeito é diretamente proporcional à forma como ele lida com a falta.

Quanto à paixão, ela é sempre gozo e busca "ser", silenciando a falta-a-ser. Se tudo começa no gozo fálico do Um, através da "benção da ignorância", a promessa do amor que é gozo de sentido — e, portanto, fantasia e falatório — pode levar o sujeito ao silêncio do gozo feminino, Outro por definição, localizado entre imaginário e real, apontando para o assombroso ponto onde não há mais palavras, pois há um ponto onde todo significante faz defeito.

O gozo do sentido, banhado de promessas de amor, leva sempre, no fundo, à verdade do *ab-sens* da relação sexual, que é ponto fora de sentido, por definição. Sabendo que a verdade é sempre mentirosa, Lacan já deixou uma pista, no *Seminário 3*, sobre os perigos do "amor verdadeiro". Esse não é o "amor incondicional" que tanto esperamos. O amor, enquanto verdadeiro, é sem reserva, sem semblantes, localizado no duplo sufocante e paranoico do *eu-outro* no espelho. É verdadeiro o amor que provoca a regressão tópica do estádio do espelho e que pode levar o sujeito ao verdadeiro aniquilamento do eu em prol do outro. O amor verdadeiro está, portanto, na fronteira com o ódio.

Contudo, sabemos que o ódio ao feminino é uma repetição histórica. Desde 1918, Freud já falava no "tabu da virgindade" e, desde que o discurso cristão começou a ganhar força, percebemos um certo “horror ao mistério da feminilidade”. Horror que assume sua pior forma na Inquisição onde as mulheres precisavam se provar santas, correndo o risco de serem consideradas as misteriosas aliadas do diabo.

Os significantes “mulher” e “diabo” se presentificam na imagem da cabeça de camelo do conto de Jacques Cazotte. Esse “ser” estranho e misterioso rompe o silêncio com a famosa pergunta: *Che vuoi?* Tal como a esfinge, a cabeça de camelo é *nãotoda* e, através das notas de sua arpa ouvimos notas da *lalíngua* do Outro tocando o corpo do sujeito e fazendo ecos da pulsão de morte. Não podemos falar do *Che vuoi?* sem citar o Outro primordial, fonte das primeiras angústias e do enigma insondável: a mãe, primeiro objeto de gozo impossível. Aí está a questão do neurótico, fruto do curto-circuito entre o objeto faltoso e o objeto perdido, entre a mulher e a mãe.

O sujeito vive na sua busca pelo objeto perdido, acreditando que essa seria a virada de chave que o permitiria sair do lugar de impotente para dar ao Outro aquilo que o Outro deseja, a fim de ser incondicionalmente amado. Mas, na análise, aprendemos que o furo não é da ordem da impotência, mas sobretudo da impossibilidade, marcada pelo S(Ⱥ). O significante da falta no Outro, que não faz laço, liga dois aforismos lacanianos: “A mulher não existe” e “Não há relação sexual”. Então, não seria esse o ponto de “foraclusão do ser” que ligaria mulher, diabo e mãe?

Sendo a angústia inseparável do não-saber a respeito do objeto desconhecido, não podemos esquecer que Lacan evoca, na mãe do amor, a mulher. A mãe-mulher é símbolo do amor, mas é também causa de angústia. A mãe, enquanto Outro primário, tem efeito de Oráculo, polícia do Outro, é dona das insígnias do falo como vetor de desejo, dona do impossível do amor e da falsa promessa. O mistério de seu desejo e a opacidade de seu gozo são velados pelo desejo da mulher na mãe, aquilo que a faz *nãotoda* para o sujeito, ausente para seu filho. Voltamos aqui à rejeição do ser que pode ser decifrada pela ordem fálica ou ultrapassada, caindo na zona obscura do gozo Outro, logo, do ódio.

A mãe é Outra, tal como a mulher, de modo que "a ideia da mulher barrada como Outro absoluto não está longe de elevar a mãe à categoria do impensável" e, por isso, "a filha não é a única a arcar, vez por outra com o custo do extremismo materno"[5]. A questão é que o discurso masculino e o feminino buscam diferentes estratégias e gozos. No homem, o significante fálico, vetor do desejo, é "fetichizado" e promovido ao mais-de-gozar para causar desejo, enquanto, na mulher, a busca do ser se dá através dos sacrifícios do amor. Dito de outro modo, enquanto o homem faz da mulher "falo", "causa de desejo" e "sintoma", a mulher pode fazer do homem "uma devastação".

Chegamos, agora, no ápice da questão: o que acontece quando, ao visar o ser, a mulher faz do homem devastação? Luciano Lutereau[6] e Elisabeth da Rocha Miranda[7] respondem que o homem pode ser uma devastação para a mulher na medida em que uma mãe devasta uma filha. O cerne da questão é ainda o **ser**: a menina espera uma substância da mãe sobre o que é **ser** mulher. Substância impossível de ser adquirida senão através do gozo que corresponde ao signo de sua falta, fazendo subsistir algo da sua identidade. A tentativa de responder à identidade da mulher através das insígnias da mãe tropeçam no problema fundamental da falta de substância do desejo que anima o amor.

Entretanto, indo contra a ideia da equivalência da mãe ao homem, Colette Soler estabelece uma diferença entre as duas

---

[5] SOLER, Colette. *O que Lacan dizia das mulheres*. Rio de Janeiro: Jorge Zahar Ed, 2003, edição ebook, parte III (A mãe no inconsciente).

[6] LUTEREAU, Luciano. *Edipo y violencia: por qué los hombres odian a las mujeres*. Bogotá: Editora Letras del sur, 2005.

[7] MIRANDA, Elisabeth. *Desarrazoadas: devastação e êxtase*. Rio de Janeiro: Editora Mauad, 2017.

devastações ao dizer que a mulher é devastada pela tentativa de estabelecer uma "essência narcísica" através do amor, derrapando na impotência do desconhecimento do desejo e da ignorância do gozo[8]. Dito de outro modo, uma mulher pode ser devastada pelo homem quando se anula enquanto sujeito desejante e fica no lugar de objeto, mas, não há, necessariamente a mesma demanda de signos da feminilidade que encontramos na sua relação com a mãe.

A devastação no amor é a ignorância do desejo e o ódio pelo singular, singular esse que é a única resposta possível ao impossível do Um. A mulher se deixa devastar anulando o desejo diante da operação do amor, onde um sujeito visaria o outro sujeito. Por falta de substância significante, a mulher reenvia o sujeito à própria rejeição do ser nua e crua, revelando friamente a ingratidão de qualquer um que é "amado". Ingratidão que é alimento do ódio e da dívida do sujeito com o Outro, visando o aniquilamento do grande culpado: "o objeto". Ouvimos isso no consultório: a mulher é sempre culpabilizada pela falta.

As marcas psíquicas de uma violência contra a mulher vão, portanto, além da marca visível a olho nu, pois o corpo que é violentado é o corpo simbólico, do qual é tirada toda e qualquer possibilidade de indicação de desejo. Se a mulher representa o "falo" enquanto aquilo que falta ao homem e ele fica "submetido à prova fálica", ela é ameaçadora na medida em que pode apontar para o insuportável que tentamos esconder. Daí o motivo de Lutereau dizer que "o menino odeia a mulher porque o desejo dela o deixa em uma posição afeminada diante de outro homem"[9].

O pacto diabólico da mulher com o enigma do desejo a coloca no lugar daquilo que é sempre Outro para mim.

---

[8] SOLER, Colette. *O que Lacan dizia das mulheres.* Rio de Janeiro: Jorge Zahar Ed, 2003.

[9] LUTEREAU, Luciano. *Edipo y violencia: por qué los hombres odian a las mujeres.* Bogotá: Editora Letras del sur, 2005, p. 382.

Não é a mulher que é o diabo, mas é que essa é a formulazinha do inferno, inferno particular de cada um, que conta a tragédia edípica que nos constitui. No âmbito do social, a mulher é mais uma representação da figura do narcisismo da pequena diferença que denuncia a mancha na imagem e o gozo do qual não quero saber. É importante dizer que, mais uma vez, isso começa no amor e que o discurso segregacionista pode facilmente vir de raízes de um discurso que vende "cuidado".

O sintoma social da violência contra mulheres é uma reação ao impossível da relação sexual, tentativa desesperada de negar a impotência denunciada pelo outro, ao passo que a psicanálise, enquanto leitura do desejo pela letra, é a solução à alienação do desejo do Outro. Dito isso, o que pode a psicanálise diante da violência contra a mulher? Falo aqui da psicanálise que é, ela mesma, feminina e anti-identitária, práxis que se desdobra na aposta de um amor mais digno.

BATE-SE NA ALTERIDADE

MARISA COSTA[1]

Cada vez que lemos uma manchete de jornal, escutamos mais um caso de feminicídio, de violência contra mulher, seja ele factual ou fictício — a exemplo da série tão comentada, *Made*, da qual só consegui assistir ao primeiro episódio —, isso nos toca profundamente. Toca-nos enquanto mulheres, enquanto humanos. Mas o que a psicanálise tem a dizer a esse respeito?

A psicanálise não desconsidera o social, tanto que Freud já afirmava que "as normas sociais e sua constituição própria obrigam a mulher a recalcar seus instintos agressivos"[2]. Carmen Gallano pontua que o vínculo das mulheres maltratadas, apegadas a homens abusadores, é um enigma para as assistentes sociais que as atendem, para os centros de acolhimento, para as feministas[3]. A autora discorda da justificativa de que os números tão crescentes e alarmantes se justifiquem apenas pelo número de denúncias que aumentaram. Ela defende que a violência de outrora passava por códigos simbólicos de honra.

---

[1] Psicanalista. Membro do FCL-MS e do Ágora Instituto Lacaniano. Membro de Escola. Psicóloga e Mestre em Psicologia pela UFMS. Contato: marisadecosta@gmail.com

[2] FREUD *apud* SOLER, Colette. *O que Lacan dizia das mulheres.* Rio de Janeiro: Jorge Zahar Editor, 2005, p. 158.

[3] GALLANO, Carmen. *Alteridade Feminina.* Campo Grande: Andréa Carla Deuner Brunetto, 2011.

Diferentemente, o fenômeno atual é completamente novo: o homem que realiza o ato de bater faz aflição no real, não passa por uma mediação simbólica sua relação com uma mulher.

Uma coisa são os dramas e impactos do amor. Outra coisa é a devastação, os estragos e a aflição do amor. Estes últimos se aproximam das hoje ditas relações abusivas. Carmen Gallano diz que a posição de excluída das mulheres as feminiza, colocando-as numa posição de *hetero*, de Outro, de alteridade[4]. Para ela o encontro de um homem com uma mulher é da ordem do deparar-se com a castração, com a alteridade, a qual fica evidente quando um homem abraça uma mulher e ali se confirma a diferença radical. Desse modo, "a única maneira de um homem suportar uma mulher é amá-la". Escutamos isso com frequência na clínica. As mulheres têm um saber a respeito: quando percebem que os parceiros começam a brigar constantemente, concluem que eles não as desejam mais.

A teoria lacaniana mostra que há alteridade na constituição do sujeito. A essência do ser humano é justamente constituir-se pelo Outro, no inconsciente. O Outro como potente estaria ali para completar o lugar da falta, por isso este dá consistência ao Outro. A psicanálise estuda muito acerca da alteridade, inclusive, do sintoma. Este remete à alteridade na medida que revela que o sujeito busca realizar o que julga ser o desejo do Outro para si. Inclusive quando pensamos no que é a identidade para a psicanálise, não a fazemos sem as diferenças. Deste modo, a leitura psicanalítica do que seriam as identidades de gênero passaria por conceber a alteridade em termos de diferença para um e para outro, quais sejam, homens e mulheres.

Só que para a psicanálise não se trata apenas de identidade sexual, mas interessa, sobretudo, o desejo sexual:

---

[4] *Idem,* p. 86.

> As diferenças que interessam não são as que se respeitam, pois, ao final, um homem pode faltar com respeito a uma mulher, desejando-a [...] desejo não é respeito, nem pedir permissão, como se faz nessa lógica contratual que preconiza ter-se de respeitar as mulheres, que somente com sua permissão prévia se pode desejá-las. Não digo que não se tenha de respeitar as mulheres, mas com esse tipo de acordo mútuo, não existe desejo.[5]

Quer coisa mais "broxável" do que, na hora do rala e rola, o parceiro pedir permissão para colocar a mão em determinado lugar? Faço aqui alusão ao jargão proferido pelo presidente da República, em plena comemoração dos cem anos da independência do Brasil, o qual repetiu em alto e bom tom, por três vezes, que ele seria "imbroxável". Gallano continua: "um homem sabe tratar mulheres quando sabe fazê-las distintas e, portanto, desejáveis". É preciso separar para que haja encontro. Nesse sentido, é preciso as diferenças para que haja desejo. No senso comum se diz: os opostos se atraem. Com a psicanálise, completaríamos que os opostos se atraem porque dizem de si mesmos. Tanto que Lacan criou um termo fazendo a junção de sintoma com *il* (ele), *sintomil*, sintoma ele.

Se entendemos a mulher como sintoma de um homem, isso significa que ela tem valor de verdade do inconsciente dele. Por isso, Soler comenta o pedido que vem do lado masculino: "seja bela e cale-se"[6], a célebre frase difundida aqui no Brasil como "a bela, recatada e do lar". A autora relaciona tal evento ao fenômeno das mulheres que são espancadas quando abrem a boca para falar do que se passa entre o casal. Para Lacan, o masoquismo feminino é conteúdo da fantasia masculina e dá-se aí também a escolha do título desse trabalho.

---

[5] *Idem*, p. 77.

[6] SOLER, Colette. *Variáveis do fim da análise*. São Paulo: Papirus, 1995.

Nesse sentido, o texto freudiano "bate-se numa criança" é difundido para o estudo da fantasia. Esta ocorre em três tempos: uma criança é espancada, a criança espancada sou eu, ele me bate porque me ama. Vale ressaltar que Freud pontua que essa fantasia advém após anos de análise, sobretudo em mulheres. Soler afirma que a tese freudiana

> não consiste em dizer que há mulheres masoquistas — elas existem e homens também. Tampouco se contenta em afirmar simplesmente que as mulheres sofrem — elas realmente sofrem com a falta fálica, porém não mais que os homens com a ameaça da castração.[7]

Deste modo, quando uma mulher faz suas concessões para estar com um homem a ponto de ser violentada, isso apontaria para algo de seu fantasma: o que faz com que algo agrade ou não uma mulher? Depende "do fantasma dela. O que faz que um objeto possa convir ou não às condições de desejo e gozo? O fantasma. O fantasma que é particular de cada sujeito"[8]. Para que um sujeito permaneça com um laço numa relação, é preciso que algo do Outro toque em seu desejo e em sua fantasia. Como na canção de Chico Buarque, que o fez recentemente ser cancelado nas redes sociais, cuja letra diz: "com açúcar com afeto, fiz seu doce predileto pra você parar em casa [...] vai ficar olhando as saias de quem vive pelas praias coloridas pelo sol [...] logo vou esquentar seu prato, dou um beijo em seu retrato e abro meus braços pra você!" No final da música há algo de surpreendente, pois evidencia-se uma mulher tão submissa que

---

[7] SOLER, Colette. *O que Lacan dizia das mulheres*. Rio de Janeiro: Jorge Zahar Editor, 2005, p. 58.

[8] GALLANO, Carmen. *Alteridade Feminina*. Campo Grande: Andréa Carla Deuner Brunetto, 2011, p. 204.

espera por esse homem abusivo que é justamente um retrato de seu fantasma.

"Uma mulher consente em chegar a ser objeto do fantasma de um homem, mas não de qualquer um, mas de um escolhido por ela, diz Lacan: 'para esse, sim, haverá todas as concessões'"[9]. Não penso que se trata apenas de consentimentos que as mulheres fazem aos homens eleitos, também observamos isso nos relacionamentos homossexuais. Quando falamos do consentimento feito pelas mulheres, não quer dizer que os homens não consintam. As mulheres se queixam de só elas cederem pela relação pois, de alguma forma, o falo que o homem acredita ter lhe dá uma consistência e faz certo obstáculo ao amor. Faz obstáculo ao amor no sentido freudiano de que "um indivíduo que ama priva-se, por assim dizer, de uma parte do seu narcisismo, que só pode ser substituída pelo amor de outra pessoa por ele"[10].

Freud acentua que as mulheres estão às voltas com as questões relativas ao amor, tanto quanto os homens estariam às voltas com uma ambição. Gallano complementa dizendo que o consentimento feminino não é servidão a qualquer vontade do Outro. Uma mulher faz concessões sem limites por amor: de seu corpo, dos seus bens, de sua alma — a fim de evitar uma aflição de uma dor infinita, que é a solidão. Essa complacência ilimitada é entendida por Colette Soler como "a mascarada masoquista". "A exigência de ser amada em um lugar de única e insubstituível vem como bálsamo para a solidão da posição feminina em relação a alteridade de seu gozo"[11]. A angústia da castração presente

---

[9] *Idem*, p. 206.

[10] FREUD, Sigmund. "Sobre o Narcisismo: uma introdução". In. *Edição Standard brasileira das obras psicológicas completas de Sigmund Freud*, volume XIV. Rio de Janeiro: Imago, 1996, p. 105.

[11] GALLANO, Carmen. *Alteridade Feminina*. Campo Grande: Andréa Carla Deuner Brunetto, 2011, p. 224.

nos homens, aparece nas mulheres como a angústia de perder o lugar de amor. O amor faz suplência ao desamparo, apesar de não tamponar a falta e a solidão. O amor visa tirar o sujeito da solidão, na medida em que é uma "solidão partilhada", como diz Garcia Marques em *Cem anos de solidão* — e, por isso, dói menos. Porque o que o amor busca é o amor do Outro. Mesmo que não se saia da solidão, há uma esperança aí. A ausência do Outro é pura dor. Para Soler, "o amor que ela convoca como complemento da castração, para nele assentar seu ser, define o campo de sua sujeição ao Outro e de uma alienação que reproduz a alienação própria do sujeito. Mas esse também é o campo, que as feministas quase nos levariam a esquecer, de seu poder como causa de desejo"[12]. Isso é justamente o que Lacan propõe de uma mulher enquanto sintoma de um homem, no sentido de ela ocupar o lugar de causa de desejo para ele. Porque, no masoquismo feminino, não se trata da subjetividade das mulheres, mas do seu lugar como objeto para o outro. Aliás, "o místico atesta que é com alegria que ele renuncia ao mundo, não por gostar da dor, mas por ser cativado por..."[13]. Com disse Guimarães Rosa "viver é etecetera", o amor então seria uma aposta na vida.

"O masoquista, a mulher e o analista [...] 'se fingem de objeto'", diz Soler[14]. Esse fingimento na mulher visa o deixar-se desejar no sentido do consentimento. A autora, no mesmo lugar, marca a distinção do masoquista e da mulher: "a causa do desejo masoquista é despertar a angústia no outro". Diferentemente, a mulher que se presta ao lugar de objeto, presta-se à felicidade do sujeito que é o outro. Ainda citando Guimarães

[12] SOLER, Colette. *O que Lacan dizia das mulheres.* Rio de Janeiro: Jorge Zahar Editor, 2005, p. 66.

[13] *Idem*, p. 69.

[14] SOLER, Colette. *Variáveis do fim da análise.* São Paulo: Papirus, 1995, p. 62.

Rosa: "qualquer amor já é um pouquinho de saúde e um descanso na loucura".

"A mulher escolhe o que consente e o que não consente [...] a psicanálise não aponta para levar as mulheres ao limite das concessões, mas sim, para que quando o estrago se aproxime, possam dizer 'Não' e acrescentarei que esse 'não' é o que pode afirmar a verdadeira radicalidade da mulher"[15]. E isso é o que vemos na clínica: as mulheres conseguem dizer não mais facilmente que os homens, que ficam presos a responderem sim às demandas do Outro. O fim de uma análise visa, contudo, outro destino à pulsão que não pela via do masoquismo. As mulheres se colocam na posição de objeto por uma escolha, a qual, com Lacan, podemos entender como uma escolha forçada porque é da ordem do inconsciente. Contudo, elas bem podem sair da mesma posição quando assim decidem. Não é preciso esperar o limite para dar um basta, pode-se fazer isso antes. Talvez esse seja então o *Yes, we can!* das mulheres.

---

[15] GALLANO, Carmen. *Alteridade Feminina.* Campo Grande: Andréa Carla Deuner Brunetto, 2011, p. 228

AS MULHERES SÓ PENSAM NO AMOR?

ANDRÉA BRUNETTO[1]

O amor é dois meio-dizeres que não se recobrem.
E isso constitui seu caráter fatal.

JACQUES LACAN

Em "A significação do falo", Lacan escreve que "ao incondicionado da demanda, o desejo vem substituir a condição absoluta: a prova de amor é rebelde à satisfação de uma necessidade."[2]. O desejo não é nem o apetite de satisfação, nem a demanda de amor, mas "a diferença que resulta da subtração do primeiro à segunda"[3]. Ou seja, na subtração do apetite à demanda de amor, resta uma fenda, *Spaltung*.

Está aí o desejo, subtraindo-se, fazendo fenda — paradoxal, excentrado, errático, escandaloso.

Por que começo meu artigo, que é uma pergunta sobre o amor, com o desejo? Comecei com "A significação do falo",

---

[1] Psicanalista, psicóloga e analista membro da Escola de Psicanálise dos Fóruns do Campo Lacaniano, membro do Fórum do Campo Lacaniano do Mato Grosso do Sul e Ágora Instituto Lacaniano. Contato: brunetto@terra.com

[2] LACAN, Jacques. "A significação do falo". In. *Escritos*. Trad. Vera Ribeiro. Rio de Janeiro: Jorge Zahar Ed., 1998, p. 698.

[3] *Idem, ibidem.*

texto no qual Lacan debateu o falo e o desejo. Nele, afirma que a demanda é presença de uma ausência. Começa com a relação primordial com a mãe, "Esse privilégio do Outro, assim, desenha a forma radical do dom daquilo que ele não tem, ou seja, o que chamamos de amor."[4]. A demanda transmuta-se em prova de amor e as satisfações da necessidade só fazem esmagar a demanda de amor.

A relação sexual ocupa esse campo fechado do desejo e nele lançará sua sorte, sustenta Lacan. É o campo apropriado onde se produz o enigma na prova de amor demandada, onde se presentifica a "ambiguidade do Outro". O desejo do homem é desejo do Outro, conclui Lacan. Eis porque a pergunta do Outro, que retorna para o sujeito do lugar de onde ele espera um oráculo, formulado como um "Che vuoi?"[5] — que quer você? — é a que melhor conduz ao caminho de seu próprio desejo. É assim que Lacan se refere a novela de Jacques Cazotte, em "Subversão do sujeito e dialética do desejo".

Ainda em "A significação do falo", Lacan estabelece uma diferença entre o homem e a mulher — a mulher rejeita uma parcela de seus atributos na mascarada para ser o falo, significante do desejo do Outro: "É pelo que ela não é que ela pretende ser desejada, ao mesmo tempo, que amada"[6] .

E Lacan diz que convém não esquecer como nela convergem amor e desejo. Nela, a falta de satisfação sexual seria relativamente bem tolerada, no homem não. Quanto ao homem, Lacan relembra o ensino de Freud em "Sobre a mais comum degradação da vida amorosa": desdobramento, no homem entre

---

[4] *Idem, ibidem.*

[5] LACAN, Jacques. "Subversão do desejo e dialética do desejo". In. *Escritos.* Trad. Vera Ribeiro. Rio de Janeiro: Jorge Zahar Ed., 1998, p. 829.

[6] LACAN, Jacques. "A significação do falo". In. *Escritos.* Trad. Vera Ribeiro. Rio de Janeiro: Jorge Zahar Ed., 1998, p. 701.

o objeto de amor e o objeto do desejo. Na mulher também há um desdobramento entre amor e desejo, mas no qual ela ama o homem pelo que ele não tem, porém o deseja pelo que ele tem.

A atual liberdade dos costumes permite às mulheres ter uma vida sexual mais livre do que à época de Freud, porém a estrutura não é diferente entre o amor pelo amante castrado, ou o íncubo ideal, e o desejo pelo parceiro sexual[7].

A feminilidade inclui a relação com o Outro, o homem[8] — para tornar possível o encontro com o outro gozo; "O homem serve aqui de conector para que a mulher se torne esse Outro para ela mesma, como o é para ele"[9].

A essas identificações edipianas, que se refletem no nível do amor e do desejo, Lacan acrescenta suas fórmulas das posições sexuadas, um todo fálico e o *nãotoda*. Essas posições não têm relação com o corpo biológico, nem com o gênero, mas sim "com a escolha de gozo dos sujeitos que optam pelo todo fálico ou pelo não toda"[10], escolha que lembra a obscura "decisão do ser".

Quero marcar algo que Colette Soler escreve em seu livro *O que Lacan dizia das mulheres*: a aspiração da mulher em encontrar o homem de sua vida não está em desuso. Encontrar Um homem é um sonho histérico. Só as psicóticas o encontram e isso dá a impressão de que as mulheres estão extraviadas pela busca de um homem.

---

[7] LACAN, Jacques. "Diretrizes para um congresso sobre a sexualidade feminina". In. *Escritos*. Trad. Vera Ribeiro. Rio de Janeiro: Jorge Zahar Ed., 1998, p. 742.

[8] Poderíamos sustentar que não necessariamente precisa ser o homem, mas alguém que encarne a posição fálica, seguindo na esteira do que Lacan teoriza com suas fórmulas da sexuação?

[9] LACAN, Jacques. "Diretrizes para um congresso sobre a sexualidade feminina". In. *Escritos*. Trad. Vera Ribeiro. Rio de Janeiro: Jorge Zahar Ed., 1998, p. 741.

[10] SOLER, Colette. *Homens, mulheres*. Trad. Cícero Oliveira. São Paulo: Aller Editora, 2019, p. 120.

O homem quer encontrar A Mulher, mas só a atinge encalhando no campo da perversão. E uma mulher só encontra O Homem na psicose. Assim sustenta Lacan em *Televisão*. Diferente de um encontro complementar de gozos, o que Lacan propõe como saída a ética que norteia a psicanálise: "no descaminho de nosso gozo só há o Outro para situá-lo, mas é na medida em que dele estamos separados"[11]. Deixar ao outro o seu modo de gozo, sem impor o nosso e "não o considerando como um subdesenvolvido"[12], responde Lacan a uma das perguntas em *Televisão*. Assim, esse respeito ao gozo do outro, porque existe o Outro, vai em sentido contrário ao encontro com o todo. Foi uma resposta, inclusive sobre o que fazer contra a propagação do racismo. Eis a atualidade e a importância dessa resposta de Lacan.

Já que o universal de todas as mulheres não pode ser dito, elas são não todas, não todo loucas, antes "conciliadoras: a tal ponto que não há limites às concessões que cada uma faz para um homem: de seu corpo, de sua alma, de seus bens". Ela se presta à perversão d'O homem, fazendo uma mascarada em que revela a verdade dele, "para o que der e vier de preparar-se para a fantasia dele, para que ele encontre nela sua hora da verdade. Isso não é exagero, pois a verdade já é mulher por não ser toda, não toda a dizer-se"[13].

No *Seminário 10*, sobre a angústia, Lacan afirma: desejando o outro, eu o tomo pelo objeto; "ao rumar por esse circuito obrigatório para atingir o objeto de meu desejo, realizo para o outro justamente o que ele procura"[14]. Da teoria sobre o desejo e a angústia, Lacan chega ao amor. E tal como Sócrates, que

---

[11] LACAN, Jacques. *Televisão*. Rio de Janeiro: Jorge Zahar Ed., 1993, p. 58.

[12] *Idem, ibidem*.

[13] *Idem*, p. 71.

[14] LACAN, Jacques. *O Seminário, livro 10: A angústia*. Rio de Janeiro: Jorge Zahar Ed., 2005, p. 37.

se colocou como o que não sabia e foi ensinado por Diotima, Lacan indica com quem aprendeu essa "chave" sobre a experiência do amor: com Freud. Com ele, entendeu essa torção que um sujeito faz quando toma outro como objeto de seu desejo: "eu te identifico a ti, com quem falo, com o objeto que falta a ti mesmo"[15]. E o resultado: "Quando, inocentemente ou não, tomo esse desvio, o outro como tal, que aqui é objeto — observem bem — de meu amor, cairá forçosamente em minha rede"[16].

Podemos unir esse trajeto do desejo com o homem conector: fazendo o semblante ou a mascarada desse objeto para ele, a mulher cai na rede/armadilha de nomeá-lo como o que lhe falta. E caindo ela na armadilha, aprisionado ele está. Um exemplo que Lacan dará doze anos depois desse seminário sobre a angústia, em *Televisão*: o olhar de Beatriz. Lembrando que essa estratégia é executada "inocentemente ou não".

> Um olhar, o de Beatriz, ou seja, um tantinho de nada, um batimento de pálpebras e o desejo delicioso que disso resulta: e eis que surge o Outro que devemos identificar tão somente como o gozo dela, o qual ele, Dante, não pode satisfazer, porque dela ele só pode obter esse olhar, somente esse objeto, mas com o qual, nos enuncia ele, Deus a satisfaz plenamente, e ele nos provoca ao receber a segurança disso justamente de sua boca.[17]

Assim, dizer que a mulher procura o amor não diz de toda sua procura, não há todo em sua procura. Nem o amor é tudo para a mulher, nem todas as mulheres procuram amor. Não há todo a dizer do lado direito da fórmula da sexuação. Nem quanto ao amor, nem quanto à mulher, nem quanto à verdade.

---

[15] *Idem, ibidem.*

[16] *Idem, ibidem.*

[17] LACAN, Jacques. *Televisão*. Rio de Janeiro: Jorge Zahar Ed., 1993, p. 45-46.

Agora, para encerrar, um exemplo da literatura: *A mulher certa*, de Sándor Márai, escritor húngaro. Um homem rico, filho único de um casal, dono de uma grande fábrica em Budapeste, sente atração pela empregada da casa de sua mãe, a mulher pobre e linda, a camponesa vinda do interior para trabalhar na casa dos ricos da capital. Não apenas se interessou por sua beleza, por seu corpo, mas por saber que ela morara em um buraco, literalmente, nas saliências geladas da terra. Ela e sua família tentavam se proteger do inverno numa Europa pobre do pré-Segunda Guerra Mundial. O burguês dono de fábrica vira as costas a esse desejo para cumprir seu papel social e casar-se com a moça rica e fina, de sua mesma classe social. Não sem antes dar à amada pobre um camafeu para que guardasse como lembrança dele. Ele se casa logo em seguida. Ela pendura o camafeu em uma fita lilás e anda o tempo todo com ele no pescoço. Cada vez que ele vai visitar sua mãe, encontra-a com o presente no pescoço.

A partir disso, a história do romance é contada em três partes. Cada uma das personagens desse triângulo amoroso conta sua história a um terceiro. A jovem esposa conta a uma amiga como foi esse casamento com o industrial, quando já estava separada. Como viviam bem, conversavam, como ele queria que ela estivesse sempre bem-vestida, a casa bem arrumada, tudo em seu lugar. Como perderam um bebê. A amiga pergunta a ela por que o deixou. Ela conta: sempre sentiu que ele não se entregava a ela, que tinha alguém, que outra mulher ocupava seus pensamentos. Tentou reconquistá-lo, pois se afastaram depois da perda do bebê. Mas nada, duas semanas depois dessa tentativa de reconquista, encontrou em sua carteira um pedaço de uma fita lilás. Soube imediatamente que era da outra mulher. Pesquisou, pesquisou e descobriu que era da governanta de sua mãe. "Bem vejo: pensas que sou uma galinha histérica. Não, eu sou uma mulher, pelo que sou, simultaneamente, detetive, santa, espiã, sou tudo ao mesmo tempo, quando se trata do homem que amo."[18]. Fazer semblante de objeto — ou no dizer da esposa burguesa, santa, espiã, detetive — é bem mais difícil para uma mulher, afirma Lacan em "A terceira". Essa afirmação pode surpreender, já que ele disse que as analistas mulheres podem ser as melhores ou as piores. "Fazer semblante de objeto está mais próximo de seu ser"[19] e então uma mulher pode ficar presa aí. A clínica nos mostra isso o tempo todo.

Além disso, há o momento de embate entre as duas mulheres. Mas não vou comentá-lo aqui. É um primor. Deixarei como enigma para que vocês o leiam.

Na segunda parte, vemos o homem contando sua história. O fundamental: ele não conta à primeira esposa que não foi ele que colocou a fita lilás em sua carteira. É isso que me leva a interpretar que ele não queria mais o casamento. Como a esposa queria ser amada, o casamento deles acaba.

Na segunda parte, ele, já nos EUA, trabalhando como engenheiro em uma fábrica, separado da segunda mulher, a mulher do buraco, vou dizer assim, conta ao amigo o que foi a história. Não foram felizes. Ele a encheu de objetos fálicos, símbolos de poder e dinheiro e isso não a satisfazia: "... os armários cheios de trapos caríssimos, joias, chapéus, casacos de peles" e ela na insatisfação dos esfomeados.

> Sabes, estávamos num restaurante de luxo, e tinha junto a mim essa mulher esplêndida, com um precioso agasalho de peles sobre os ombros e, nos dedos, anéis cintilantes, e não havia homem que passasse a seu lado que não a devorasse com os olhos; e ela ali estava, tranquila, a contar em voz baixa como era verdadeiramente desagradável viver num buraco cavado na

[18]MÁRAI, Sándor. *A mulher certa*. Alfradige: Dom Quixote, 2007, p. 112.

[19]SOLER, Colette. *La Troisième de Jacques Lacan*. Séminaire de lecture – Année 2005-2006. Inédito.

> terra gelada, com milhares de ratos que saltaricavam pelos seus leitos de gelo.[20]

Por vezes, ele é como Anfitrião, como Lacan diz no *Seminário 2*, referindo-se ao personagem da peça de Molière, o homem poderoso que pensa que, com o comércio de bens, pode comprar uma mulher. Anfitrião "é o tipo de homem que imagina que o objeto de seu desejo depende de seus méritos. É o homem do Supereu."[21]. Em outras vezes, passa a esperar um milagre, que o amor passe a operar nela uma força misteriosa, que dissolva a solidão e anule a distância entre eles.

Por fim, na terceira parte, vemos a segunda mulher, a ex-mulher pobre, contando a história ao amante, um jovem das artes, em um quarto na cidade de Florença. Não suportava a inocência do ex-marido diante de tudo: não matei judeus, não colaborei com os nazistas. Não sou culpado dessa guerra. Não suportava que ele tentasse tapar seu sofrimento com objetos fálicos. Ela sentia que também a ela ele não tivesse se entregado: a esposa burguesa achou que ele não se entregava a ela porque já tinha entregado seu coração à outra. Já essa, não se enganava: ele não entrega seu ser, não sai do que pensa ser.

Podemos dizer, juntamente ao Lacan do *Seminário 6*, quando faz analogia com o jogo de xadrez e trata do paciente de Ella Sharpe: ele não entrega sua dama, ele mantém seu jogo. Dizendo de outra maneira: ele não se dá à castração. E sabemos que um homem só encontra uma mulher, quando consente à castração. E, por isso, porque ele não consente, não se encaixa para ser o amante morto, dividido, em falta, que uma mulher pode amar. Só queria que ela encarnasse a morte: ela é para mim, o significado da morte.

---

[20]MÁRAI, Sándor. *A mulher certa*. Alfradige: Dom Quixote, 2007, p. 219.

[21]LACAN, Jacques. *O Seminário, livro 2: O eu na teoria de Freud e na técnica da psicanálise*. Rio de Janeiro: Jorge Zahar Editor, 1985, p. 333.

Na verdade, não há "Mulher certa". Acho que esse é o lema do livro. Mas diferente de pensar que não há pelos desencontros que os personagens teceram em seus destinos, trata-se de saber que não há, pois a relação sexual não existe. O que há de certo é só a relação sexual que não cessa de não se inscrever.

Para concluir, uma mulher busca o amor, o pede, e com ele suplementa sua falta fálica — Lacan diz: com o amor, tenta encontrar no Outro um significante que valoriza seu ser feminino —, mas não encontra o amor quando o busca, é o inesperado. Uma mulher encontra o amor quando a relação com o parceiro a torna outra para si mesma. É isso o exitoso do amor: a alteridade implicada no direcionamento ao outro do parceiro — ou da parceira — e a alteridade em si mesma. É com isso que termino aqui, com esse exitoso do amor.

O FEMININO: COMO OUVIR ESSA VOZ?

Claudia Wunsch[1]

Ser mulher, explicavam, era como ter o trabalho todo do que respeita à humanidade.

Valter Hugo Mãe

"O que quer uma mulher?", pergunta Freud no final de seu ensino sobre o feminino. Lacan retorna a Freud e avança sobre o enigma advertindo: "A mulher não existe". Há algo a mais a ser compreendido sobre o feminino, algo que está para além do falo, além do desejo de ter o amor de um homem ou o filho fálico. A questão de Freud "o que quer uma mulher?" atravessa nossos dias como uma questão a ser decifrada, tanto na clínica como no discurso social. Um paciente enamorado por uma mulher diz: "Ela é quase uma santidade". Há um mistério sobre o que se passa do lado feminino e inúmeras tentativas em defini-lo, marcá-lo. Como a afirmação muito recorrente pelo discurso: "Ela não sabe o que quer!". Seria essa a resposta do discurso diante da questão de Freud?

---

[1] Psicóloga, psicanalista, membro do Fórum do Campo Lacaniano do Mato Grosso do Sul e do Ágora Instituto Lacaniano. Pós-graduada em Psicanálise Clínica de Freud a Lacan pela Universidade Paranaense (UNIPAR) de Cascavel. Contato: claudiawunsch18@gmail.com

No texto "Diretrizes para um congresso sobre a sexualidade feminina", de 1960, Lacan chama atenção sobre o tema do feminino: "Se os símbolos não têm aqui outra captura senão imaginária, provavelmente é porque as imagens já foram sujeitadas a um simbolismo inconsciente, a um complexo que torna oportuno lembrar que as imagens e símbolos na mulher não podem ser isolados das imagens e símbolos da mulher"[2].

A representação da sexualidade feminina é implantada e condicionada conforme o discurso de uma época. Soler afirma que a mulher entra no discurso "como uma invenção da cultura, histórica" e que vai mudando seu aspecto conforme as épocas[3]. Cada época, cada tempo, inventa feições sobre o feminino, sobre como ser mulher. A psicanálise investiga o feminino, apontando que não há "A mulher" no universal, há mulheres e cada uma inventa, transita, aquece e padece à sua maneira, sua existência é obra sem-par.

As inspirações dos poetas em suas canções tentam dar nomes ao ser mulher. Como a canção "Samba de Bênção", escrita por Vinicius de Moraes, um homem de seu tempo: "Uma mulher tem que ter qualquer coisa além da beleza, qualquer coisa de triste, qualquer coisa que chora, qualquer coisa que sente saudade. Um molejo de amor machucado, uma beleza que vem da tristeza de se saber mulher". A "qualquer coisa além" do poeta, revela que, para ser mulher, deve haver algo além, mas que não se sabe. É algo triste? É a saudade? Ou o amor machucado que traz mais beleza?

Lacan, *Seminário 20*, nos diz que A mulher, só se pode escrever barrando o A, [A̸], dizendo que não há "A mulher", há uma

---

[2] LACAN, Jacques. "Diretrizes para um congresso sobre a sexualidade feminina". In. *Escritos*. Trad. Vera Ribeiro. Rio de Janeiro: Jorge Zahar Ed., 1998, p. 737.

[3] SOLER, Colette. *O que Lacan dizia das mulheres*. Trad. Vera Ribeiro. Rio de Janeiro: Jorge Zahar Ed., 2005.

lógica da não-toda, por não se situar toda na função fálica. Porém, ser não-toda, não-toda na função fálica não quer dizer que ela deixe de estar nela de todo. Lacan reconhece que há algo a mais, há um gozo a mais, um gozo para além do falo. Há um gozo suplementar que ela experimenta em sua existência, em seu corpo, um gozo que "ultrapassa", um gozo a mais que não tem nada de tranquilizador. Um gozo que ela mesma não sabe nomear, não tem palavras a dizer, não sabe nada, não tem ideia. Como diz Lacan: "Nem uma palavra"[4].

Marguerite Duras, em seu livro *O amante*, tenta traduzir: "Sei que não são as roupas que fazem a mulher mais ou menos bela, nem os cuidados com a beleza, nem o preço dos cremes, nem a raridade, o preço dos adornos. Sei que o problema não está aí. Não sei onde está"[5].

Diante da falta de um dizer, da falta de um significante que diga sobre seu ser mulher, elas podem se sentir insignificantes e, com isso, se agarrar facilmente aos significantes que parecem lhe oferecer algum ser no simbólico. "As mulheres podem tentar fazer com que a incidência da marca que simboliza o gozo que invade seu corpo venha a coincidir com uma ordem discursiva que lhe permita se alojar na palavra, mas não há nada no universo discursivo que responda sobre essa marca à qual seu gozo e seu corpo responde"[6].

O homem feito de linguagem, inserido no universo discursivo, é feito também de outra "diz-menção" — discurso, e o

---

[4] LACAN, Jacques. *O seminário, livro 20: Mais, ainda.* Trad. M.D. Magno. Rio de Janeiro: Jorge Zahar, Ed., 2008, p. 81.

[5] DURAS, Marguerite. *O amante.* Trad. Aulyde Soares Rodrigues. Rio de Janeiro: O Globo; São Paulo: Folha de S. Paulo, 2003, p. 19.

[6] GALLANO, Carmen. *A alteridade feminina.* Trad. Keila Silveira, Luciana Abreu Lima; revisão: Sandra Berta. Campo Grande: Andréa Carla Deuner Brunetto, ed, 2011, p. 212.

inconsciente, por ser estruturado como uma linguagem, quer acreditar no discurso, na existência do Um, quer ignorar o Outro do sexo e a separação dos sexos. Soler enfatiza que "a maldição em causa não vem de nenhum outro deus, senão do próprio inconsciente"[7]. Há uma insistência em vigorar o Um e em fazer "A mulher" existir.

Como diz Lacan "as mulheres são os Outros, mas também são reais"[8]. E se o Outro existe, se há um apenas, certamente deve ter alguma relação com o que aparece do outro sexo. Então o Outro ganha existência quando a pulsão se aplica fora dos limites e fora das formas bem localizadas por um discurso. A mulher corre o risco de ser esse Outro, esse Outro desregrado e passa a ser alvo da brutalidade da pulsão. A mulher, ou seja, o não-todo fica em evidência, mas sem o Eros dos laços.

Colette Soler coloca uma questão: "A gente feminina "recorrentes do sexo", expressão utilizada por Lacan "Como se fará ouvir essa voz"? "E, se pensarmos que é no amor, que ela poderia nunca deixar de ainda se fazer ouvir"[9].

Assim como não há uma definição do que é "A Mulher", pois ela não existe, não há nada no discurso que diga como ser um homem para uma mulher ou ser uma mulher para um homem, como é o encontro entre o gozo masculino e o gozo feminino. Há sim, uma tentativa do discurso em resolver os infortúnios da vida e do sexo.

Lacan desenvolve o que se passa do lado do homem e o que se passa do lado da mulher, dizendo que para que um homem

---

[7] SOLER, Colette. *O que Lacan dizia das mulheres*. Trad. Vera Ribeiro. Rio de Janeiro: Jorge Zahar Ed., 2005, p. 159.

[8] LACAN, Jacques. *O seminário, livro 20: Mais, ainda*. Trad. M.D. Magno. Rio de Janeiro: Jorge Zahar, Ed., 2008, p. 71.

[9] SOLER, Colette. *O que Lacan dizia das mulheres*. Trad. Vera Ribeiro. Rio de Janeiro: Jorge Zahar Ed., 2005, p. 169.

ame uma mulher, goze do corpo dela, precisa haver alguma coisa que diga não à função fálica. O objeto *a* como a causa de seu desejo, aí está o ato de amor para um homem.

Carmem Gallano aponta que os problemas do amor e da feminilidade escapam ao entendimento escasso do fantasma do homem e isso acontece quando o real feminino do Outro sexo é um acontecimento do qual não faz sintoma para um homem, "uma mulher é sintoma para um homem na medida que enoda o amor, o desejo e o gozo"[10].

Porém, uma mulher não é sintoma, é um acontecimento da alteridade feminina que não faz sintoma. O real do seu ser feminino não passa pelo sintoma. Se para todo homem, o que está do lado do todo homem fálico, uma mulher é sinthoma, ao falar das mulheres, "não há toda-mulher e não propõem um nome preciso para o que é o homem para uma mulher: o homem é para uma mulher, tudo que lhe agrade"[11]. Ele pode variar em relação à função que ocupa.

Esse Outro do amor feminino, não é um ser que vai encarnar a exceção, não é o homem; no entanto, há homens que aspiram ser o Outro do Outro e que pretendem ser a exceção de ao menos Um, e isso causa estrago. A incompreensão entre ambos é estrutural; o drama estrutural do amor é ser impossível fazer Um com o Outro. Para Lacan interrogar esse há Um, é interrogar o inconsciente no nível da língua, para que assim possa aparecer que há Um sozinho. Para ele isto é o amor.

Seria o amor a única maneira de uma mulher se fazer ouvir? É no amor que ela poderia nunca deixar de se fazer inventar o seu ser mulher?

---

[10] GALLANO, Carmen. *A alteridade feminina*. Trad. Keila Silveira, Luciana Abreu Lima; revisão: Sandra Berta. Campo Grande: Andréa Brunetto Ed., 2011, p. 215.

[11] LACAN *apud* GALLANO. *Idem*, p. 217.

Eu termino este trabalho com as palavras de Colette Soler em seu livro *Os afetos lacanianos*, transmitindo que uma mulher pode querer ser amada e querer ter o desejo de um homem, pode se agarrar nisso, pode fazer muitas concessões, mas também pode se privar muito bem de sua realização, e até mesmo ir embora quando realmente é visada por um desejo[12].

[12] SOLER, Colette. *Os afetos lacanianos*. Trad. Cícero Oliveira. São Paulo: Aller Ed., 2022.

BEAUVOIR E A PAIXÃO MATERNAL: SOMOS TODAS FILHAS DE SIMONE?[1]

ANA LAURA PRATES[2]

Todo homem precisa de uma mãe

ZECA VELOSO

Agradeço às Edições Sesc pelo convite que me possibilitou abrir um diálogo com esse precioso livro de Julia Kristeva, *Beauvoir presente*[3], e, mais ainda, revisitar o pensamento de Simone de Beauvoir. Declaro minha adesão incondicional à tese principal de Kristeva de que o pensamento de Beauvoir, sobretudo em sua obra *O segundo sexo,* publicada em 1949, é um acontecimento que ganha a dignidade e a importância de uma revolução antropológica. Um corte. Significa dizer que o pensamento ocidental não é o mesmo após o aparecimento deste livro, quer se saiba disso ou não, quer se queira ou não.

Não é qualquer coisa uma afirmação de tal magnitude sair da escrita de outra mulher, desta vez uma que é, não somente, mas

[1] Texto apresentado no "Bate papo sobre o livro Beauvoir presente" no Centro de Pesquisa e Formação do Sesc São Paulo, em 11 de março de 2020.

[2] Ana Laura Prates é mãe, dona de casa, psicanalista (AME da EPFCL), escritora e editora (Larvatus Prodeo). Também é pesquisadora do LABEURB-UNICAMP e colunista do Jornal GGN. Contato: apratespacheco@gmail.com

[3] KRISTEVA, Julia. *Beauvoir presente*. Trad. Edgard de Assis Carvalho. São Paulo: Edições Sesc, 2019.

também, uma psicanalista. Aliás, se o diálogo entre feministas e psicanalistas começou mal, isso se deveu principalmente às leituras enviesadas, reducionistas e biologizantes que alguns psicanalistas, eles mesmos, fizeram do texto de Freud — sobretudo de seus pontos de abertura e paradoxos que, certamente, são os mais férteis. E foi através dessas leituras que de Beauvoir parece ter se aproximado da psicanálise, sustentando as críticas encontradas no segundo capítulo da primeira parte de *O segundo sexo*, intitulado "O ponto de vista psicanalítico" — algumas delas partindo de pressupostos bastante equivocados.

Antes, entretanto, de inventariar exaustivamente a história desse mal-entendido — tarefa que ainda não foi realizada, embora Kristeva a esboce —, o que nos interessa é justamente observar as aproximações que, surpreendentemente, encontramos entre o pensamento de Simone de Beauvoir e a psicanálise, menos pela via das respostas do que pela das questões que orientam o debate a respeito da condição da mulher.

Cito, pedindo passagem, uma frase de Simone de Beauvoir e outra de Freud:

Simone de Beauvoir: "Se a função de fêmea não basta para definir a mulher, se nos recusamos também a explicá-la pelo 'eterno feminino' e se, no entanto, admitimos, ainda que provisoriamente, que há mulheres na terra, teremos que formular a pergunta: 'que é uma mulher?'"[4].

Sigmund Freud: "A grande indagação que ficou sem resposta, à qual eu mesmo não soube responder, apesar de meus trinta anos de estudo da alma feminina, é a seguinte: O que quer a mulher?"[5].

Que uma aborde a mulher pela via do ser, ainda que no movimento não essencialista do tornar-se, e que o outro a aborde

---

[4] BEAUVOIR, Simone de. *O segundo sexo: Fatos e mitos*. Trad. Sérgio Milliet. São Paulo: Difusão Europeia do Livro, 1970, p. 9.

[5] Da carta de Freud a Marie Bonaparte.

pela via do desejo pode ser uma pista a seguir nesse caminho de abertura de diálogo. A pista que decidi privilegiar, entretanto, é a da maternidade, talvez por, enquanto psicanalista, interessar-me especialmente pelos sintomas que sempre retornam quando não são suficientemente tratados pelo simbólico. E, nesse caso, parece-me que a maternidade é um dos grandes sintomas do feminismo contemporâneo. Aliás, o livro *Beauvoir presente* é perpassado de cabo a rabo por essa questão, já que um ponto comum incontornável, tanto para Simone de Beauvoir quanto para a psicanálise — sobretudo aquela revisitada por Lacan, embora isso já possa ser lido em Freud — é a posição de que a maternidade não tem nada de instintivo.

A socióloga Lucila Scavone, da UNESP de Araraquara, escreve a esse respeito que, a partir de *O segundo sexo*, a concepção da maternidade como uma construção social foi o elemento chave para pensar a dominação masculina. *O segundo sexo*, então, politiza as questões pessoais de modo surpreendentemente coerente com a proposta lacaniana de que "o social é o sujeito do individual"[6]. Lacan o propõe em um texto chamado "O tempo lógico e a asserção da certeza antecipada", de 1945, escrito em franco diálogo crítico com "Entre quatro paredes", texto de Jean-Paul Sartre, de 1944, no qual uma das personagens profere a famosa frase "o inferno são os outros"[7]. Não vamos desdobrar esse ponto que, entretanto, está longe de ser secundário.

Para de Beauvoir, o caminho para sair da dominação masculina seria a recusa da maternidade, o que abriu caminho para a luta feminista pelos direitos reprodutivos, a pílula anticoncepcional e

[6] LACAN, Jacques. "O tempo lógico e a asserção de certeza antecipada". In. *Escritos*. Trad. Vera Ribeiro. Rio de Janeiro: Jorge Zahar Ed., 1998, p. 213, n. 6.

[7] SARTRE, Jean-Paul. *Entre quatro paredes.* Rio de Janeiro: Civilização brasileira, 2022.

a legalização do aborto. Scavone nos lembra que a radicalização dessa recusa gerou, em seguida, um segundo momento de reafirmação de uma espécie de poder feminino natural na maternidade e, num terceiro momento, a ideia de um significado social da maternidade ancorado no conceito de gênero.

De qualquer modo, como indica a espanhola Máriam Martínez-Bascuãn no excelente artigo para o El País, "O feminismo que nasceu com Simone de Beauvoir", ela permite "situar a reflexão sobre o corpo no centro do feminismo": "Quando Beauvoir disse que 'a mulher, como o homem, é seu corpo' deu uma guinada radical e avança para além da separação cartesiana entre um sujeito que pensa, logo existe, enquanto habita uma espécie de recipiente passivo que não faz parte do seu eu. Beauvoir reivindica o corpo, e a partir daí começa uma frutífera produção de literatura feminista"[8]. Ela dizia que "enquanto o homem percebe seu corpo como uma relação direta e normal com o mundo, a mulher tem ovários"[9]. Eis uma diferença relevante em relação ao homem, como afirma a filósofa Carole Pateman em *Contrato sexual*: "poderosa ideia abstrata do cidadão universal, 'que não tem corpo porque é razão desapaixonada'"[10]. Simone de Beauvoir enfatizava — continua Martínez-Bascuñan — "que dizer que 'somos todos seres humanos' é algo tão oco que carece de relevância como ponto de partida para explicar qualquer coisa"[11].

Eis um ponto problematizado por Kristeva: "Ao afastar a problemática da diferença em prol da igualdade, Beauvoir se

---

[8] MARTÍNEZ-BASCUÑÁN, Máriam. "O feminismo que nasceu com Simone de Beauvoir. *El país*, 07 de julho de 2019, disponível no endereço https://brasil.elpais.com/brasil/2019/07/05/cultura/1562337766_757567.html. Acessado em 19 de outubro de 2022.

[9] BEAUVOIR *apud* MARTÍNEZ-BASCUÑÁN, Máriam. *Idem, ibidem.*

[10] PATEMAN *apud* MARTÍNEZ-BASCUÑÁN, Máriam. *Idem, ibidem.*

[11] *Idem, ibidem.*

impediu de levar o projeto existencial mais longe, algo já anunciado e que deveria tê-la conduzido a refletir, por intermédio da condição das mulheres no plural, sobre as chances de liberdade de cada uma como ser humano singular"[12]. Ou seja, a proposta de igualdade homem-mulher nos devolveria ao confinamento de um regime universal? Essa é, igualmente, a grande questão colocada pela psicanálise a partir de Lacan. E qual é o papel da rejeição da maternidade nesse projeto? Kristeva atestará uma "rejeição militante da diferença sexual expressada pela menstruação, pela maternidade e pela homossexualidade feminina, entre outras"[13] e mesmo uma fobia do corpo feminino e principalmente da maternidade[14].

Trago a vocês um pequeno recorte que fiz a respeito da querela atual do feminismo em relação à questão da maternidade. Começo com uma citação de Elisabeth Badinter em seu fabuloso livro *Um amor conquistado*: "Que os biólogos me perdoem a audácia, mas sou dos que pensam que o inconsciente da mulher predomina amplamente sobre os seus processos hormonais"[15].

Em entrevista publicada em março de 2014, a feminista norte americana Camille Paglia, autora de *Personas sexuais*, encontramos que:

> O feminismo cometeu o engano de tentar reduzir a vida feminina às conquistas profissionais. Uma coisa é exigir que se retirem as barreiras para o avanço social das mulheres e que se ofereçam a elas oportunidades, promoções, salário etc. Outra é supor que essas conquistas suprirão as demandas da vida

---

[12] KRISTEVA, Julia. *Beauvoir presente*. Trad. Edgard de Assis Carvalho. São Paulo: Edições Sesc, 2019, p. 21.

[13] *Idem*, p. 25.

[14] *Idem*, p. 32.

[15] BADINTER, Elisabeth. *Um amor conquistado: o mito do amor materno.* Rio de Janeiro: Nova Fronteira, 2009.

> pessoal — não suprirão. Questões pessoais são de uma natureza diferente das profissionais: têm a ver com sexo, procriação e viver a vida. Essas feministas anglo-americanas dos anos 60 têm uma visão mecânica do que é viver. Há ainda um grande problema com o sistema de carreira moderno. O modo de progredir profissionalmente faz com que seja difícil para elas lidar com os homens em pé de igualdade. A mulher precisa ter uma vida dupla: ser ambiciosa e dominadora no escritório, mas adaptar-se em casa para ser sexualmente desejada e emocionalmente carinhosa. Minha prioridade sempre foi esta: temos de parar de culpar os homens e começar a olhar o sistema e as mudanças ocorridas no trabalho e nos lares no último século. [...] Hoje estamos muito felizes com as nossas máquinas de lavar e secar, mas o que isso significa? Isolamento total! A mulher está isolada, desconectada do mundo feminino. Quando você é parte de um grupo, você sabe quem você é, não precisa ir descobrir.[16]

A entrevistadora pergunta, então: "Onde elas deveriam buscar a felicidade?". E a resposta é a seguinte:

> Bem, achar que as mulheres profissionalmente bem-sucedidas são o ponto máximo da raça humana é ridículo. Vejo tantas delas sem filhos porque acreditaram que podiam ter tudo: ser bem-sucedidas e mães aos 40 anos. Minha geração inteira deu de cara com a parede. Quando chegarmos aos 70, 80 anos, acredito que a felicidade não estará com as ricas e poderosas, mas com as mulheres de classe média que conseguiram produzir grandes famílias.[17]

---

[16] PAGLIA, Camille. "As mulheres venceram". Entrevista à revista Veja. Disponível no endereço: https://www.fronteiras.com/leia/exibir/camille-paglia-as-mulheres-venceram. Acessado em 19 de outubro de 2022.

[17] *Idem, ibidem.*

É curioso que Paglia, longe de centrar sua crítica no modo de produção de capitalismo avançado que desumaniza homens e mulheres, ou no laço social contemporâneo pautado no consumo e no espetáculo, centra sua análise em uma nostalgia dos "bons tempos" nos quais as mulheres ficavam no lar cuidando de suas "grandes famílias". Em um momento histórico no qual se debate as novas formas de laços parentais, as relações homoafetivas e as formas contemporâneas de paternidade, é notável que o tema da maternidade volte com tanta força.

Em direção contrária, em entrevista concedida à mesma revista em 20 de julho de 2011, Elizabeth Badinter, autora de *O mito do amor materno* e *O conflito: a mulher e a mãe,* afirma:

> Tento desconstruir um mito que vem se consolidando nas sociedades modernas com a participação de todos esses grupos — o da mãe perfeita. Movidos por ideologias as mais variadas, feministas, ecologistas e os intelectuais que eu combato tratam de sedimentar no caldo cultural do século XXI a ideia de que, uma vez mãe, a mulher deve enquadrar-se em um modelo único, obedecendo a dogmas que, de tão atrasados, sepultam os avanços mais básicos trazidos pela industrialização. Estou falando de pessoas que torcem o nariz para as cesarianas e chegam a fazer apologia do parto sem anestesia, sob o argumento de que há beleza no sacrifício feito em nome dos filhos já no primeiro ato. Demonizam o uso da mamadeira e até o da fralda descartável. Para essa gente, as mães nunca devem estar indispostas para suprir as necessidades de sua prole. Essa pressão só causa frustração e culpa nas mulheres.[18]

[18] BADINTER, Elisabeth. "A mãe perfeita é um mito". Entrevista à revista Veja. Disponível no endereço: https://www.ihu.unisinos.br/categorias/173-noticias-2011/45476-a-mae-perfeita-e-um-mito-. Acessado em 19 de outubro de 2022.

De fato, Badinter já havia apresentado suas ideias a respeito do mito do amor materno, atribuindo a Rousseau o agenciamento de uma nova discursividade sobre a relação entre mãe e filho. Em meu livro *Da fantasia de infância ao infantil na fantasia*[19] pude debater com outra historiadora, a brasileira Sandra Corazza, cujo trabalho me parece essencial para a abordagem dessa questão. Através de seu estudo sobre o que chama de "dispositivo de infantilidade", podemos acompanhar o quanto o discurso sobre a importância da maternidade — tal como a concebemos a partir da Modernidade — é correlato a um novo discurso sobre a infância. Se a infância, aos moldes do Discurso Universitário, passa a ser o tempo de desenvolvimento e constituição de um adulto ou sujeito desenvolvido e constituído, a família, mas sobretudo a mãe, passa a ocupar um lugar central para que essa ordem familiar possa se sustentar. Como pude argumentar naquele trabalho, a invenção do mecanismo da "roda" — no qual as crianças indesejadas eram depositadas nas portas das igrejas — é uma representação emblemática desse giro de discurso em relação à infância e a maternidade.

Como situar essa questão do século XXI? Na referida entrevista de 2011, a entrevistadora pergunta a Badinter: "A senhora está dizendo que as próprias feministas agitam hoje bandeiras que trazem frustração e culpa às mulheres?". A resposta é: "Uma parte delas, não há dúvida, está dando marcha a ré em relação a conquistas anteriores. Pois elas estão, no fim das contas, retirando o direito de escolha das mulheres"[20]. Considerando as

---

[19] PACHECO, Ana Laura Prates. *Da fantasia de infância ao infantil na fantasia.* São Paulo: Annablume, 2012.

[20] BADINTER, Elisabeth. "A mãe perfeita é um mito". Entrevista à revista Veja. Disponível no endereço: https://www.ihu.unisinos.br/categorias/173-noticias-2011/45476-a-mae-perfeita-e-um-mito-. Acessado em 19 de outubro de 2022.

afirmações de Camille Paglia, vemos que Badinter tem razão: o mito a respeito da maternidade perfeita está renascendo com força no século XXI.

Qual seria a contribuição da psicanálise nessa querela? Talvez não seja um exagero afirmar que o complexo de Édipo seja a noção psicanalítica mais disseminada na cultura ocidental de modo geral. A versão desse mito que se popularizou, entretanto, está bem distante de sua incidência estrutural no ser falante, estrutura essa que sabemos estar relacionada ao universal da linguagem e da interdição do incesto. Curiosamente, a assimilação psicologizante das ideias psicanalíticas distorcidas passa a ser um importante aliado do ideal pedagógico da sociedade contemporânea, na qual a relação "mãe-criança" é privilegiada e estimulada.

Alçada ao lugar de relação primordial, não foram poucos os psicanalistas que se debruçaram a respeito da boa medida, ou da relação saudável e desejável entre a mãe e o bebê. Podemos dizer que o extremo quase caricatural desse sintoma interno à própria psicanálise é a noção — tão legitimamente criticada atualmente — de "mãe geladeira", forjada por Bruno Bettelheim no livro *A fortaleza vazia*: mães que por serem afetivamente frias poderiam ser involuntariamente responsáveis para o autismo de seus filhos[21].

Das teorias do vínculo, passando pelas ideias kleinianas a respeito do "seio bom e/ou mau", e pela noção frutífera, mas limitada, de Winnicott a respeito da "mãe suficientemente boa", temos que admitir certa tendência da psicanálise em fazer consistir e naturalizar a relação entre a mãe e a criança, o que Lacan chama de "mito psicanalítico da relação mãe criança".

É importante destacar o ponto de avanço de Lacan na história do movimento psicanalítico, mais especificamente o grande passo que ele possibilitou ao recuperar a noção do gozo no corpo como

---

[21] BETTELHEIM, Bruno. *A fortaleza vazia*. São Paulo: Martins Fontes, 1987.

um gozo feminino, e defender a importância clínica de sustentar a tensa e angustiante divisão entre a mulher e a mãe, já esboçada por Freud em 1914. E mais interessante ainda, se nos dermos conta de que esse passo não teria sido possível sem a abertura proporcionada por de Beauvoir. Não é um acaso que Lacan retome Santa Teresa d'Ávila, uma homenageada sua, para falar do gozo feminino. Ora, se a resposta singular para o tornar-se mulher está muito longe da maternidade, "a mãe — entretanto — continua contaminando a mulher para o filhote de homem"[22].

Kristeva adverte que, embora de Beauvoir aparente rejeitar a maternidade, por outro lado,

> com ela estamos longe da exibição a que nos submete a pornografia ambiente, mas longe também do recalque racionalista com o qual certos universalistas atuais reforçam suas ambições viris e ridicularizam a diversidade das experiências maternais, como se o parto condenasse a condição feminina à decadência.[23]

Desse modo, "as decepções da maternidade não consumada são quase uma confissão da diferença sexual. Aquela que provoca medo nos universalistas"[24].

Para Kristeva, a maternidade na contemporaneidade estaria ameaçada por uma dupla pressão:

> de um lado, pela maternidade desvalorizada pela autora de *O segundo sexo* e por grande parte das feministas; e, de outro, por uma maternidade reduzida pelo biologicismo a um instinto da espécie.

---

[22] LACAN, Jacques. "Televisão". In. *Outros escritos*. Trad. Vera Ribeiro. Rio de Janeiro: Jorge Zahar Ed., 2003, p. 531.

[23] KRISTEVA, Julia. *Beauvoir presente*. Trad. Edgard de Assis Carvalho. São Paulo: Edições Sesc, 2019.

[24] *Idem, ibidem.*

> Em tempos de crise, a lógica da globalização favorece a corrida para o parto como "investimento seguro", quando não é utilizado como um "antidepressivo" para muitos de nossos contemporâneos, mulheres e homens, heterossexuais e homossexuais.[25]

E ela explicita sua proposta: "retomo o projeto libertário de Beauvoir e, sem me opor a ele, acrescento um outro"[26]: o de uma filosofia da maternidade e da parentalidade que não apague a diferença[27]. Eis o ponto fecundo onde a herança de de Beauvoir pode encontrar a psicanálise, já que, como afirma Kristeva, "a subjetividade humana é uma perpétua negociação com o corpo"[28]. E acrescenta: "Não possuímos filosofia nem mesmo autoconhecimentos empíricos suficientes a respeito dessa 'paixão maternal' que favorece — ou freia — a eclosão do pensamento no corpo vivo. Esse é o vazio com o qual nossa civilização tem se confrontado"[29]. "Se a maternidade é uma das paixões mais dramáticas e extraordinárias que existe, isso é justamente pelo fato de se situar nas fronteiras da biologia e do sentido, da origem e da alteridade, das matrizes e da adoção. A genitora não é necessariamente uma boa mãe, mas existem excelentes mães que não são genitoras"[30]. Quem pode ignorar os riscos desses caminhos da liberdade abertos por Simone de Beauvoir?

Enquanto psicanalista contemporânea que sustenta cotidianamente a diferença, considero-me, ainda assim, uma das filhas de Simone de Beauvoir, mesmo que em permanente e infinito processo de separação.

---

[25] *Idem,* p. 52.
[26] *Idem,* p. 54.
[27] *Idem,* p. 56.
[28] *Idem, ibidem.*
[29] *Idem,* p. 55.
[30] *Idem, ibidem.*

SOMOS TODOS RESPONSÁVEIS

Tatiana Siqueira Ribeiro[1]

Mariana de Lima Costa, 29 anos, assassinada pelo marido Jonas Ferreira Rocha. Paulina Rodrigues, 103 anos, assassinada pelo ex-genro, Cícero Souza. Rose Paredes, 39 anos, assassinada por um homem que morava junto com ela e sua família, Eduardo Gomes. Francielle Guimarães Alcântara, 36 anos, foi torturada e mantida em cárcere privado por cerca de um mês até ser finalmente assassinada pelo marido, Adailton Freixeira da Silva. Vitória Caroline de Oliveira Honorato, de 15 anos, assassinada pelo namorado Lucas da Silva Cordeiro.

Mulheres dos mais diferentes perfis e um mesmo final: foram assassinadas. Todos esses crimes praticados no estado do Mato Grosso do Sul são feminicídios, ou seja, são homicídios qualificados, praticados contra as mulheres por razões da condição do sexo feminino (Código Penal Brasileiro, art. 121, §2º, VI.). Nosso estado ocupa o triste segundo lugar de todo o Brasil (juntamente com Roraima) em número de assassinatos de mulheres (dados do Fórum Brasileiro de Segurança Pública). Outro ponto importante que liga esses crimes é o fato de que eles foram cometidos nos primeiros 30 dias do ano: 2022 mal havia começado e já anunciava que seria um ano violento para as mulheres do nosso estado.

---

[1] Psicanalista, membro do Ágora Instituto Lacaniano, do Fórum do Campo Lacaniano – MS, da Escola de Psicanálise dos Fóruns do Campo Lacaniano e doutora em Psicologia. Contato: tatsiqueira@uol.com.br

A partir dessa realidade, proponho neste trabalho uma breve exposição da concepção de crime para a psicanálise, com as contribuições de Freud e Lacan sobre o tema.

Em Freud a noção da culpa é importante para compreensão da prática criminosa. Em "O mal-estar na civilização", de 1930, Freud estabelece que, nas relações em sociedade, a agressividade é um aspecto importante a ser considerado. Essa agressividade está presente nas relações humanas, mesmo que se tente negar tal fato. Citando:

> O quê de realidade por trás disso, que as pessoas gostam de negar, é que o ser humano não é uma criatura branda, ávido de amor, que no máximo pode se defender atacado, mas sim que ele deve incluir, entre seus dotes instintuais, também um forte quinhão de agressividade. Em consequência disso, para ele o próximo não constitui apenas um possível colaborador e objeto sexual, mas também uma tendência à agressão, para explorar seu trabalho sem recompensá-lo, para dele se utilizar sexualmente contra sua vontade, para usurpar seu patrimônio, para humilhá-lo, para torturá-lo e matá-lo.[2]

Ainda neste texto, Freud faz referência ao narcisismo das pequenas diferenças, segundo o qual "sempre é possível ligar um grande número de pessoas pelo amor, desde que restem outras para que se exteriorize a agressividade"[3]. O narcisismo das pequenas diferenças seria uma "cômoda e relativamente inócua satisfação da agressividade, através da qual é facilitada a coesão entre os membros da comunidade"[4]. Interessante notar o uso

---

[2] FREUD, Sigmund. "O mal-estar na civilização". In. *Edição standard brasileira das obras psicológicas completas de Sigmund Freud*, volume 21. Trad. Jaime Salomão. Rio de Janeiro: Imago, 1974, p. 76.

[3] *Idem*, p. 80.

[4] *Idem*, p. 81.

que Freud havia feito desse termo anteriormente, justamente ao tomar como referência as relações entre os sexos em seu texto de 1918, "O tabu da virgindade". Nas palavras de Freud:

> Seria tentador perseguir essa ideia e derivar desse "narcisismo das pequenas diferenças" a hostilidade que em todas as relações humanas combate vigorosamente os sentimentos de solidariedade e sobrepuja o mandamento de amor ao próximo. Ao atentar para o complexo de castração e sua influência no juízo que se faz da mulher, a psicanálise acredita haver apreendido boa parte do que fundamenta a rejeição da mulher pelo homem, narcísica e bastante entremeada com menosprezo.[5]

Se o narcisismo das pequenas diferenças é a união de alguns a partir da hostilidade de outros, a agressividade do homem em relação a mulher o ultrapassa, pois há um componente de estranhamento entre os sexos que tem relação com o temor da castração. Segundo Freud, "não é, apenas, o primeiro coito com uma mulher que constitui tabu e sim a relação sexual de um modo geral; quase se pode dizer que a mulher inteira é tabu." Ao que acrescenta no parágrafo seguinte:

> Toda vez que o homem primitivo tem de estabelecer um tabu, ele teme algum perigo e não se pode contestar que um receio generalizado das mulheres se expressa em todas essas regras de evitação. Talvez este receio se baseie no fato de que a mulher é diferente do homem, eternamente incompreensível e misteriosa, estranha, e, portanto, aparentemente hostil. O homem

[5] FREUD, Sigmund. "O tabu da virgindade". In. *Edição standard brasileira das obras psicológicas completas de Sigmund Freud*, volume 11. Trad. Jaime Salomão. Rio de Janeiro: Imago, 1996, p. 372.

> teme ser debilitado pela mulher, ser contagiado pela feminilidade e, então, mostra-se incapaz.[6]

Aliado ao temor da castração há a agressividade inerente ao humano. O caminho percorrido por Freud o levou a concluir que o sentimento de culpa se relaciona também com o desamparo humano e a dependência do ser falante em relação aos outros, bem como o temor de perder o amor a ele dirigido. O sujeito sente-se culpado por temor da punição que viria justamente daquele que supostamente o ama ou protege.

A agressividade é uma ameaça à civilização e, portanto, a sociedade cria mecanismos para tentar estabelecer limites para essas pulsões. Ocorre, porém, que as tentativas de controle não obtêm êxito. Segundo Freud: "a lei não tem como abarcar as expressões mais cautelosas e sutis da agressividade humana"[7]. É evidente que a civilização não alcança de forma total seus objetivos, mas é incontestável também que viver em sociedade exige uma renúncia de satisfação e isso tem consequências para o sujeito. Segundo Freud a agressividade é internalizada e dirigida ao eu, formando o supereu, instância que vigia e pune, colocando a agressividade que seria voltada para fora em ação contra ao próprio eu.

É assim que surge um componente interno de controle, do qual decorre o sentimento de culpa e necessidade de punição. Freud parte da ideia segundo a qual a pessoa se sente culpada por fazer algo que sabe ser mau para, em seguida, concluir que a pessoa se sente culpada não quando faz algo mau, mas quando percebe em si a intenção de fazê-lo. Para Freud, a culpa está

---

[6] *Idem,* p. 373-374.

[7] FREUD, Sigmund. "O mal-estar na civilização". In. *Edição standard brasileira das obras psicológicas completas de Sigmund Freud,* volume 21. Trad. Jaime Salomão. Rio de Janeiro: Imago, 1974, p. 78.

presente independentemente da prática delitiva. Por vezes, sua presença é a motivação criminosa, não sua consequência, conforme se extrai do artigo "Criminosos em consequência de um sentimento de culpa", de 1916:

> Por mais paradoxal que isso talvez pareça, devo afirmar que a consciência de culpa estava presente antes do delito, que não originou deste, pelo contrário, foi o delito que procedeu da consciência de culpa. Tais pessoas podem ser justificadamente chamadas de criminosos por consciência de culpa.[8]

Ainda neste artigo, Freud afirma que os atos proibidos, quando praticados, trazem um certo alívio ao sujeito que já se sentia culpado previamente, mas que desconhecia o motivo; com a prática delituosa o motivo da culpa passa a ser evidenciado. O motivo "desconhecido" da culpa, segundo Freud, tinha relação com Édipo, nos interditos de matar o pai e de ter relações com a mãe.

Lacan, em "Introdução teórica às funções da psicanálise em criminologia", traz a ideia de responsabilidade no tratamento do criminoso[9]. Neste trabalho, ele entende que o crime e o criminoso não poderiam ser pensados sem levar em conta uma concepção sociológica acerca do tema. Para entender o ilícito, faz-se necessário compreender o que cada sociedade entende a concepção do crime e do criminoso em cada época, em determinado momento da história. Para Lacan há, em cada sociedade,

---

[8] FREUD, Sigmund. "Alguns tipos de caráter encontrados no trabalho psicanalítico: criminosos em consequência de um sentimento de culpa". In. *Edição standard brasileira das obras psicológicas completas de Sigmund Freud*, volume 14. Trad. Jaime Salomão. Rio de Janeiro: Imago, 1974, p. 284.

[9] LACAN, Jacques. "Introdução teórica às funções da psicanálise em criminologia". In. *Escritos.* Trad. Vera Ribeiro. Rio de Janeiro: Jorge Zahar Ed., 1998.

leis, sejam elas positivas, que são escritas, ou tradicionais, aquelas que são de costumes, que definem os delitos e os graus de suas transgressões.

Lacan se refere ao termo responsabilidade, que para ele não é definida apenas como a pura e simples confissão da ação delitiva, indo além, no sentido de se buscar um entendimento sobre que ponto o sujeito foi tocado, produzindo o crime como ato. A partir disso é possível responder pois, como sujeito, somos responsáveis.

Lacan leva em consideração a vinculação inconsciente na prática delitiva, onde determinados crimes são relacionados ao Édipo e à busca de punição, como um alívio para o sujeito. Tais aspectos inconscientes, não desresponsabilizam o sujeito, muito pelo contrário: para considerar tais questões, o sujeito é convocado a falar e responder por seu ato. Cito: "os casos que decorrem claramente do edipianismo deveriam ser confiados ao analista, sem nenhuma das limitações que podem entravar sua ação"[10].

A partir da posição acerca da responsabilidade, e para encerrar, lanço uma questão para refletirmos um pouco: em um estado que é o segundo no país em assassinatos de mulheres, como podemos entender as regras sociais quanto a esse tipo de delito? Qual é nosso papel enquanto sociedade? Parafraseando Lacan, como sociedade, somos todos responsáveis.

---

[10] *Idem*, p. 137.

MULHERES E CAÇA ÀS BRUXAS: DIÁLOGO COM SILVIA FEDERICI

FRANCINA SOUZA[1]

"Triste, louca ou má/será qualificada/ela quem recusar/seguir receita tal/a receita cultural..."[2] diz uma bela canção sobre as mulheres. Má, muitas assim foram e são qualificadas ao longo da História que nos tece, História da dita humanidade. Mas nós, mulheres, também tecemos a História.

Má, demoníaca, bruxa. Fizeram-nas arder em fogueiras, não sem antes submetê-las à pavorosas e excruciantes torturas. Qual teria sido a receita cultural não seguida por aquelas que foram queimadas em nome de Deus, sob a acusação de serem servas do Diabo? Que motivo se esconderia por debaixo do manto da fé e moralidade cristã? Que tipo de pavor tais mulheres, ditas bruxas, suscitariam? Por que seria seu saber e posição no mundo algo tão bizarro, estranho, a ponto de merecerem uma terrível morte? O texto que segue não responde com profundidade tais questões; antes, as amplia e delineia o percurso do qual se decantaram algumas considerações.

---

[1] Francina Evaristo de Sousa é psicanalista, membro da Escola de psicanálise dos Fóruns do Campo Lacaniano e da EPFCL-Brasil, Fórum Mato Grosso do Sul. Membro do Ágora Instituto Lacaniano – MS. Psicóloga da Universidade Federal da Grande Dourados/UFGD. Contato: francinasousa@yahoo.com.br

[2] Da música *Triste, louca ou má*. Intérprete: Francisco, el hombre. Compositora: Ju Strassacapa, 2016.

Em sua vasta pesquisa, sobretudo em sua obra *Calibã e a Bruxa*[3], a filósofa italiana Silvia Federici, escritora, professora e militante feminista, investiga a transição do feudalismo para o capitalismo a partir da relação entre a caça às mulheres, ditas bruxas, e a acumulação primitiva do capital, bem como suas consequências. No bojo da acumulação primitiva do capital entraria também o tráfico e a escravização dos negros de África e a colonização das Américas e o domínio e extermínio de sua população originária, os povos indígenas. Os efeitos de tais eventos se fazem sentir até hoje: mulher, negro e indígena com frequência são significantes a representar um corpo abjeto a ser segregado e, no limite, eliminado pela civilização. De um ponto de vista econômico social, Federici sustenta que a discriminação das mulheres e o racismo estão na raiz mesma da consolidação do sistema capitalista de produção, ou seja, apesar do ideário de "liberdade, igualdade e fraternidade" que marca o período moderno, discriminação das mulheres e racismo foram essenciais para que a engrenagem capitalista pudesse entrar em movimento.

Um dos sentidos da obra de Federici aponta e desvela a continuidade existente entre a figura da "dona de casa" e a caça às bruxas. Observa que no pós-segunda guerra mundial, tanto os governos da América do Norte quanto da Europa esforçaram-se por rapidamente restituir a figura da dona de casa em tempo integral, figura esta que teria sido abalada pelos esforços de guerra, fato que marcaria, segundo a autora, a importância do trabalho doméstico na organização capitalista das relações de produção e reprodução do trabalho[4]. Nas palavras da Silvia Federici:

> o trabalho doméstico não remunerado das mulheres tem sido um dos principais pilares da produção capitalista, ao ser o

[3] FEDERICI, Silvia. *Calibã e a bruxa: mulheres, corpo e acumulação primitiva.* São Paulo: Editora elefante, 2017.

[4] *Idem,* p. 11.

> trabalho que produz a força de trabalho. Argumentamos ainda que nossa subordinação aos homens no capitalismo foi causada por nossa não remuneração, e não pela natureza "improdutiva" do trabalho doméstico, e que a dominação masculina é baseada no poder que o salário confere aos homens.[5]

Portanto um discurso social que confinasse as mulheres no espaço doméstico teria sido de vital importância para o desenvolvimento do capitalismo tal qual o conhecemos. O que a caça às bruxas tem a ver com isso?

É na Idade Média que se dá o surgimento da figura da bruxa, o "nascimento da bruxaria", que também é o título de um livro do historiador Carlos Roberto Figueiredo Nogueira, com quem aprendi que a Idade Média, sobretudo em seu último período, do século XIV ao XV, foi apenas a antessala do que ele nomeia como "epidemias de caça às bruxas da Modernidade"[6]. Mas a construção e sistematização, por parte da Igreja Católica, de uma imagem do Mal e da maldade e sua associação ao feminino, à mulher, isto se deu no período anterior, medieval.

Enquanto a Igreja não era uma Instituição tão poderosa, foi possível o convívio entre cristianismo e paganismo, incluindo a incorporação de certas práticas e crenças pagãs pelo cristianismo. A figura da bruxa, antes feiticeira, era associada a práticas ligadas ao amor e sedução. É durante a Idade Média que "fica a feitiçaria relegada, do ponto de vista doutrinário, ao domínio exclusivo do Mal"[7]. Entretanto, as mentalidades demoram mais a acompanhar a doutrina. No início da Idade Média a figura da feiticeira e

---

[5] *Idem,* p. 12.

[6] NOGUEIRA, Carlos Roberto. *O nascimento da bruxaria: da identificação do inimigo à diabolização de seus agentes.* São Paulo: Editora Imaginário, 1995, p. 19.

[7] *Idem,* p. 35.

sua prática como terapeuta de males físicos e sociais era tolerada e apreciada por todos os estratos sociais, desde as aldeias até o paço real, passando por castelos de nobres e palácios de clérigos.

À medida que o poder da Igreja se expande e se solidifica, há uma progressiva polarização, provocada sobretudo pelo discurso cristão, entre Magia e Religião. A intolerância recrudesce quando a Igreja se torna, no século XIII, a igreja das Universidades, mestra de toda ciência, senhora de todo poder. E é apenas no século XIII que o Diabo aparece no discurso cristão como divindade maléfica a encarnar O Mal. A associação da figura do Diabo a tudo que não é cristão vem junto da concepção de que a mulher, esse "macho deficiente", segundo São Tomás de Aquino, seria "um ser imperfeito, frágil e crédulo e por isso as mulheres seriam mais rapidamente enganadas pelo diabo" [8].

Isto faz pensar em Freud, quando escreve na "Psicologia das massas e análise do eu", essa obra atualíssima, que: "no fundo, toda religião é uma religião de amor para aqueles que a abraçam e tende à crueldade e à intolerância para os não seguidores"[9]. O amor ao semelhante é possível na medida em que se tenha um outro, diferente, a quem possa ser dirigida uma quota de agressividade. Segundo Antonio Quinet:

> Uma comunidade não se faz apenas pela via das identificações laterais e da identificação com um S_1, significante mestre que pode ser ocupado por um líder. Uma comunidade também se faz ao constituir seu rebotalho, em exclusão interna, cujo paradigma seria um grupo de linchamento daquele que é escolhido como

---

[8] NOGUEIRA, Carlos Roberto. *O diabo no imaginário cristão.* São Paulo: Editora Ática, 1986.

[9] FREUD, Sigmund. "Psicologia das massas e análise do eu". In *Psicologia das massas e análise do eu e outros textos* (1920-1923). São Paulo: Companhia das Letras, 2011, p. 54.

> resto a ser excluído. Aquele que encarna o abjeto é alvo de perseguição, achincalhado ou até mesmo apedrejado até a morte.[10]

Mas faço aqui um parêntese, servindo-me de outro historiador, Jean Delumeau, para dizer que não foi o cristianismo que inventou o medo e a hostilidade em relação às mulheres. Uma atitude ambivalente em relação à mulher, que oscila da exaltação ao medo, faz rastro ao longo da história humana[11].

Para além do ângulo religioso, o argumento de Silvia Federici é de que a figura da bruxa, central em sua obra, "é a encarnação de um mundo de sujeitos femininos que o capitalismo precisou destruir: a herege, a curandeira, a esposa desobediente, a mulher que ousa viver só, a mulher que envenenava a comida do senhor e incitava os escravos à rebelião"[12].

A autora conta em seu *Calibã e a Bruxa* como a Idade Média não foi assim tão estática; foi um período de muita luta. Segundo ela, "as lutas sociais da Idade Média [...] em seu melhor momento exigiram uma ordem social igualitária baseada na riqueza compartilhada e na recusa às hierarquias e ao autoritarismo"[13]. Ela discorre sobre como é possível identificar na luta antifeudal os primeiros indícios na história europeia das raízes de um movimento de mulheres que se opunha à ordem estabelecida e contribuía para a construção de modelos alternativos da vida comunal.

Na fase pré-capitalista de acumulação primitiva do capital, cuja história, cito Marx no livro d'*O capital*, "**está gravada nos**

---

[10] QUINET, Antonio. *A política do psicanalista: do divã para a pólis.* Rio de Janeiro: Atos e Divãs Edições, 2021, p. 97.

[11] DELUMEAU, Jean. *História do medo no Ocidente*. São Paulo: Companhia das Letras, 2009.

[12] FEDERICI, Silvia. *Calibã e a bruxa: mulheres, corpo e acumulação primitiva.* São Paulo: Editora elefante, 2017, p. 23-24.

[13] *Idem,* p. 45.

anais da humanidade com traços de sangue e fogo"[14], para que essa acumulação fosse possível, foram fundamentais: 1) a colonização das Américas e o extermínio dos povos indígenas; 2) o tráfico e escravização dos negros de África, e 3) a caça às mulheres, às bruxas. Têm-se aí, portanto, indígenas, negros e mulheres colocados num patamar inferior, rebotalhos. Federici nos provoca com a seguinte interrogação: houve algum período de fato democrático no Império do capitalismo ou foi sempre uma democracia parcial, eu diria, "igualdade, liberdade, fraternidade" para alguns? O que Federici identifica em relação às mulheres é que, a cada fase da globalização, incluindo a atual, isso vem acompanhado dos aspectos mais violentos dos processos de acumulação primitiva do capital, como ocorreu nos cercamento das terras comunais na Europa e expropriação das terras indígenas pelos europeus invasores, por exemplo.

Dos dias atuais, um exemplo que vem do continente Africano: atualmente calcula-se que desde 2008, na Tanzânia, a cada ano, 5 mil mulheres são assassinadas como bruxas, alguma golpeadas com facões até a morte, outras enterradas ou queimadas vivas. Um exemplo alegórico: 17 de abril de 2016, uma mulher inocente, a primeira presidenta eleita, é atirada ao centro de uma farsa, circo de horrores que entrou para a história como Golpe de Estado e que os míopes ou mal-intencionados chamam de *impeachment*. Outro exemplo concreto: 14 de março de 2018, a socióloga e vereadora Marielle Franco é executada com 3 tiros na cabeça e um no pescoço. Nas palavras de Antonio Quinet:

> Ela incomodava em muitos pontos, pois sua posição sempre foi a favor dos excluídos: pobres negros, LGBTs, ou seja, aqueles

---

[14] MARX, Karl. *O capital: crítica da economia política: Livro I o processo de produção do capital.* São Paulo: Boitempo, 2013, p. 787, grifo nosso.

> que são alvo da imensa maioria de assassinatos no Brasil e que ficam na impunidade. Ao se tornar um objeto condensador dos abjetos da elite social e econômica do Brasil, seu destino não foi outro senão o de objeto *a*, caído, abatido pela dita civilização.[15]

Enfim, foram mais de 400 anos de perseguição que deixaram lastro: matam-se mulheres em todo o mundo.

Para concluir, uma observação: ser não-toda inscrita na ordem fálica é também abismo. Um desdobramento disto é algo que escutei de Maria Anita Carneiro Ribeiro em uma *live* no Instagram. Ali, ela disse que "tem um lado na mulher que é complacente com a sacanagem que acontece com ela" e isto aparece numa certa cumplicidade entre vítima e agressor, mais ou menos como se a mulher dissesse a quem se posiciona como homem: "disto em mim que você tem medo, eu também tenho". Nas palavras de Simone de Beauvoir, "ela tem uma face de trevas, é o caos de onde tudo se originou e para onde tudo deve um dia retornar. É noite nas entranhas da terra. Essa noite onde o homem é ameaçado de abismar-se, e que é o avesso da fecundidade, o apavora"[16].

---

[15] QUINET, Antonio. *A política do psicanalista: do divã para a pólis.* Rio de Janeiro: Atos e Divãs Edições, 2021, p. 98.

[16] BEAUVOIR *apud* DELUMEAU, Jean. *História do medo no Ocidente*. São Paulo: Companhia das Letras, 2009, p. 312.

A VIOLÊNCIA ÀS MULHERES E O REPÚDIO AO *HETEROS*

FELIPE GRILLO[1]

Você pregava
minhas pernas
no chão
aos chutes
para depois pedir
que eu parasse em pé

RUPI KAUR

Como forma de sobrevivência diante da pandemia de Covid-19, entramos subitamente em isolamento físico. Da noite para o dia, passamos das ruas para casa, com a difícil tarefa de nos reinventarmos em vários âmbitos de nossas vidas: das formas de se relacionar até a de trabalhar — o que inclui não somente o *home office*,

[1] Psicanalista, mestre pelo Programa de Pós-Graduação em Psicanálise (PGPSA) da UERJ; tem especialização em Psicologia Clínica pela PUC-Rio e treinamento profissional no Ambulatório de Psiquiatria Infantil do Hospital Universitário Pedro Ernesto. Graduado em Psicologia pela Universidade Gama Filho (UGF). Trabalhou com atendimento clínico no Instituto AGIR, na Rocinha, no Projeto Girassol, na Comunidade do Guararapes e, atualmente, segue atendendo em consultório particular no Rio de Janeiro e Nova Friburgo. Membro do Fórum do Campo Lacaniano Região Serrana/RJ. Contato: felipegrillo@hotmail.com

mas também o trabalho doméstico e com os filhos — em dobro ou triplo de seu volume habitual — que recai, em grande parte, no ombro das mulheres. *Lives*, atividades, filmes que vão ficando para trás porque a novidade de estar em casa, a crença num tempo livre mais livre do que nunca, caiu por terra, seja pelo aumento do trabalho, seja porque ficar confinado em casa produz uma angústia que nem todos conheciam, sozinhos ou acompanhados.

No caso desses últimos, o isolamento acabou por acentuar o desencontro inevitável entre os parceiros amorosos, obrigados a um convívio ininterrupto com pouco ou nenhum espaço para a falta. A inexistência da relação sexual[2] ficou escancarada e por vezes tão insuportável que levou alguns casais do distanciamento na cama à separação. Restou manifesta uma overdose de solidões e desacordos, quando não o pior.

É um dado real: durante a pandemia, houve um aumento de quase 40% das denúncias de violência doméstica contra as mulheres em relação ao mesmo período em 2019. Um estudo coordenado pelo Núcleo de Gênero do Ministério Público do Estado de São Paulo constatou que, no início do isolamento, de fevereiro para março, as prisões em flagrante envolvendo agressores de mulheres aumentaram 51,4%[3].

Segundo o psicanalista Luciano Lutereau, é importante questionarmos até que ponto o modelo de violência de gênero atual poderia ser justificado pelas dificuldades impostas por uma sociedade patriarcal[4]. O patriarcado deve ser entendido por um

[2] LACAN, Jacques. "O aturdito". In. *Outros escritos*. Trad. Vera Ribeiro. Rio de Janeiro: Jorge Zahar Ed., 2003.

[3] Cf. "Violência contra a mulher aumenta em meio à pandemia; denúncias ao 180 sobem 40%", In. *Istoé Dinheiro* online, 01/06/2020. Disponível em https://www.istoedinheiro.com.br/violencia-contra-a-mulher-aumenta-em-meio-a-pandemia-denuncias-ao-180-sobem-40/. Acessado em 17/11/2022.

[4] LUTEREAU, Luciano. *Edipo y violencia: por qué los hombres odian a las mujeres*. Buenos Aires: Legorreta, 2019.

sistema de organização que monopoliza a violência do lado dos homens. Assim, à mulher estava vetado ser o agente da violência e, consequentemente, era excluída do espaço público e do gozo. O filme russo *Uma mulher alta* ilustra bem essa ideia: a ida de mulheres para a guerra não era para lutar, mas apenas para entreter sexualmente os soldados[5]. É claro que se tratava de uma sociedade hipócrita em que, nas ruas, se dizia "em mulher não se bate", mas que, em casa, elas deviam cair caladas sob os golpes cruéis de um marido covarde. Violência invisível restrita ao âmbito privado, portanto. Mas podemos sustentar que seriam essas as coordenadas encontradas na maioria dos casos de violência à mulher na contemporaneidade?

Hoje, ao contrário, defende Lutereau, é justamente a suposição de um gozo à mulher — e não reduzido à vida doméstica — o que pode levar um homem a abrir mão da aliança entre os sujeitos e cometer os crimes mais horrendos[6]. Antes, privada de gozo; agora, sujeito suposto gozar. Além disso, a violência — seja a praticada entre homens ou entre homens e mulheres — sofreu uma mutação e não se encontra mais restrita a territórios delimitados — como expressava o famoso "te pego na esquina" —, tornando-se pública e podendo ocorrer em qualquer lugar, a qualquer hora. As mulheres são violentadas e assassinadas não somente nos recônditos de seus quartos, mas também sob o olhar público, despudoradamente.

Vale ressaltar que, diante da pandemia e do isolamento, contudo, essa violência, embora nunca tenha deixado de ocorrer no espaço doméstico, topa aí novamente com esse único ringue, para o desespero de mulheres — e das crianças.

---

[5] *Uma mulher alta*. Direção: Kantemir Balagov. Rússia, 2009.

[6] LUTEREAU, Luciano. "Por qué los hombres odian a las mujeres". In. *Desde el jardín de Freud*, n. 19, Bogotá, 2019.

Casada há menos de dois anos, Maria (nome fictício), vítima de maus tratos do marido relatou ao jornal *O Estado de São Paulo*, sob a condição de anonimato, as agressões físicas sofridas durante o período de isolamento social, que culminaram na recente separação. Maria conta que, durante o namoro, o marido era o "homem dos sonhos": agradável, gentil, um amor de pessoa. Depois do casamento, a situação mudou. Desempregado, ele passou a agredi-la verbalmente. Trabalhando o dia todo, Maria o encontrava somente à noite. No entanto, com a pandemia, o patrão de Maria suspendeu temporariamente o contrato de trabalho e ela teve de ficar em casa. "Quando fiquei sem trabalhar e tivemos de passar o dia inteiro juntos, as humilhações por boca começaram a ser mais frequentes, mas continuei quieta", diz ela. Até que no mês passado, a agressão verbal se transformou em agressão física. Durante uma discussão noturna, Maria, aos gritos, pediu socorro aos vizinhos que chamaram a polícia. Com hematomas, foi encaminhada ao hospital e à delegacia, onde solicitou medida protetiva contra o agressor[7].

O pedido atual por mais *responsabilidade afetiva*, ouvido em espaços feministas, pode ser uma indicação de que na Época da Inocência — referência ao título do filme de Scorsese —, as mulheres sentiam-se mais protegidas, pois conhecer uma mulher era conhecer a irmã ou prima ou sobrinha de um homem, a quem o pretendente deveria responder caso se comportasse mal[8]. Isso difere, sem dúvida, da impessoalidade dos aplicativos de encontros atuais. Tal observação não deve ser entendida de modo

[7] Cf. "Violência contra a mulher aumenta em meio à pandemia; denúncias ao 180 sobem 40%", In. *Istoé Dinheiro* online, 01/06/2020. Disponível em https://www.istoedinheiro.com.br/violencia-contra-a-mulher-aumenta-em-meio-a-pandemia-denuncias-ao-180-sobem-40/. Acessado em 17/11/2022.

[8] LUTEREAU, Luciano. *Ya no hay hombres: ensayo sobre la destituición masculina*. 2ª ed. Buenos Aires: Galerna, 2020.

nostálgico, afinal, como já mencionado, na sociedade patriarcal, a violência às mulheres embrenhava-se por outros caminhos.

É fundamental, sem dúvida, levar em conta a complexidade do assunto e, portanto, considerar as diferentes hipóteses causais a partir das várias figuras do ódio às mulheres. Contudo, vamos nos deter aqui na coordenada edípica, seguindo a hipótese de Lutereau[9] e não sem levar em conta que a generalização deve ser tomada como processo de investigação e não obstáculo epistemológico. "Levar o pensamento até o delírio das estrelas — o pensamento estrelado — e se as generalizações podem ser improváveis, tanto melhor", escreve o autor no prefácio de um de seus livros[10]. Que nos sirvam, ao menos, como um exercício de reflexão sobre o tema, considerado um sintoma social.

Assim, eis uma hipótese sobre o berço estrutural desse ódio: *se odeia a mãe por seu amor ao pai*, o que pode ser lido das seguintes formas: a) se odeia a mãe por seu desejar para além da criança, o que retira o menino do lugar de objeto único e privilegiado do seu desejo; b) se odeia a mãe porque sua relação ao pai coloca o menino em uma posição passiva, feminina diante de outro homem, logo, a mãe se torna a encarnação do complexo de castração.

Nesse sentido, o Édipo seria o drama de um amor culposo, relação incestuosa recalcada com o pai, e *puta*, a injúria que revela a mulher/mãe enquanto pertencente a outro/s. Não raras vezes, após a resposta indiferente de uma mulher a uma cantada na rua, os homens respondem com esse insulto, *puta*, que é

---

[9] LUTEREAU, Luciano. "Por qué los hombres odian a las mujeres". In. *Desde el jardín de Freud*, n. 19, Bogotá, 2019.

[10] ESBORRAZ, Marina. *Sexteame: amor y sexo en la era de las mujeres deseantes, lo nuevo de Luciana Peker*. Ago. 2020. Disponível em: <https://cheek.com.ar/resena-sexteame-amor-y-sexo-en-la-era-de-las-mujeres-deseantes/>. Acessado em 12/10/2020.

uma forma (covarde) de se defender da impotência, do fracasso angustiante da investida.

Chama-se homem aquele que inventa a fantasia de que existe um pai com quem brigar (que apassiva, o qual é preciso matar), mas para escapar, no fundo, da sedução materna. Porém nunca escapa de todo da mamãe, por isso o homem a ama tão profundamente quanto a odeia. O misógino odeia a mulher que ele próprio sente que é (para a mãe), despreza sua própria feminização e, sobretudo, acredita que para deixar de *ser* tem que *possuir*[11]. Aqui, portanto, a posição feminina já não é mais devida a outro homem, mas à sedução materna.

O ciúme do homem neurótico, tão comum nos feminicídios, se nutre dessa lógica. No entanto, nos dias de hoje, estaria não relacionado à mulher substituta da mãe, cuja resolução do conflito implica a renúncia de sua posse, mas à mulher convertida em rival da potência. Ali onde termina o Édipo, começa a violência.

Sobre o horror fundamental à mulher, Freud propõe como possível justificativa, em "O tabu da virgindade", a diferença da mulher em relação ao homem, o que a torna eternamente incompreensível e misteriosa, e, consequentemente, a faz parecer hostil[12]. No entanto, Freud avança atrelando esse horror ao temor do homem de enfraquecer, tornar-se incapaz quando contaminado pela feminilidade da mulher, principalmente ao deitar-se com ela, uma vez que nasceria daí a percepção da influência que ela exerceria sobre ele. O horror à mulher, por fim, seria horror à castração.

Com Lacan e suas fórmulas da sexuação, podemos dizer que o repúdio às mulheres teria como fundamento o rechaço ao Outro

---

[11] *Idem, ibidem.*

[12] FREUD, Sigmund. "O tabu da virgindade". In. *Amor, sexualidade, feminilidade.* Coleção: Obras incompletas de Sigmund Freud. Trad. Maria Rita Salzano Moraes. Belo Horizonte: Autêntica, 2020, p. 155-176.

gozo, o não-todo fálico, esse gozo suplementar[13]. A não-toda não sabe nada sobre esse gozo a não ser que o experimenta. Sem saber, fora da linguagem, inabordável pelo significante, estrangeiro e *heteros*, a não-toda torna-se alvo daqueles aferrados ao instituído pela lógica fálica. A política do todo-fálico exclui tudo o que é diferente, que foge às normas e à lei do Um do significante[14].

"Elaine, sessenta e um anos, foi abatida a tiros na porta de sua casa, num final de tarde de domingo". "Fernanda, vinte e nove anos, foi assassinada a golpes de faca diante dos vizinhos, no momento em que devolvia as chaves do apartamento onde havia vivido com seu *ex* até poucos meses antes". "Ela tinha quarenta e oito dias de vida quando foi estrangulada. Na delegacia, o assassino afirmou que estava muito nervoso e achava que a criança não era sua filha". "Sua pele era bonita como a pétala de uma rosa branca, mas, pelos jornais, sabemos que, durante as brigas, ele a chamava de bosta albina. A polícia suspeita que Tatiana, vinte e nove anos, advogada, não cometeu suicídio, mas foi jogada do quarto andar pelo marido. As imagens do circuito de segurança mostram Tatiana apanhando dentro do carro, sendo perseguida na garagem, agredida dentro do elevador. Vizinhos a ouviram gritar por socorro. Ouviram também o baque surdo do seu corpo caindo no asfalto" (trechos de histórias reais)[15].

Para concluir, conforme a escritora e militante Luciana Peker, após a revolta feminista, a violência machista já não é mais tolerada e é combatida com a palavra libertária[16]. Contudo, a

---

[13] LACAN, Jacques. *O seminário, livro 20: Mais, ainda.* Trad. M.D. Magno. Rio de Janeiro: Jorge Zahar Ed., 2008.

[14] QUINET, Antonio. *A política do psicanalista: do divã para a pólis*. Rio de Janeiro: Atos e Divãs Edições, 2021.

[15] MELO, Patrícia. *Mulheres empilhadas*. São Paulo: Leya, 2019.

[16] PEKER, Luciana. *Sexteame: amor y sexo en la era de las mujeres deseantes.* Buenos Aires: Paidós, 2020.

violência não sumiu, mas recrudesceu, e aparece agora com a roupagem da indiferença, da humilhação, do desprezo às mulheres e diversidades desejantes. A psicanalista Marina Esborraz aponta que, durante muito tempo no movimento feminista, não se falou de amor porque a prioridade era falar de violência. Contudo, ainda que de forma tímida, o amor começa a ganhar espaço na agenda e isso porque muitos feminicídios e atos violentos revelam um lado obscuro do amor. Ficaria a pergunta sobre a possibilidade de outras formas de amar que não somente aquela neurótica que implica a degradação da vida amorosa; modos outros de habitar o mundo que enodem amor e desejo. "Porque falar de amor é político"[17].

---

[17] ESBORRAZ, Marina. *Sexteame: amor y sexo en la era de las mujeres deseantes, lo nuevo de Luciana Peker*. Ago. 2020. Disponível em: <https://cheek.com.ar/resena-sexteame-amor-y-sexo-en-la-era-de-las-mujeres-deseantes/>. Acessado em 12/10/2020.

A ÉTICA DO ANALISTA DIANTE DE SUJEITOS OBSESSIVOS QUE PRATICAM A VIOLÊNCIA CONTRA A MULHER

DANIEL FOSCACHES[1]

Lá onde estaria uma promessa de um encontro sexual advém a falta que retroage mutilando o ser do sexo complementar. A mutilação sangrenta do sexo, que Freud chama nada menos do que de castração, respinga em todos os momentos da história do sujeito, desde a infância até a velhice. E mancha de púrpura seus encontros eróticos que são assim tingidos pela transitoriedade e pela insegurança de quem nada tem de certeiro. A única certeza é a amputação originária do outro, que faz da vida um caminhar trágico entre duas mortes: a mortificação promovida pela linguagem e a morte como fim da linha.

ANTONIO QUINET[2]

---

[1] Psicólogo, psicanalista, membro do Fórum do Campo Lacaniano de MS, membro do Ágora Instituto Lacaniano de MS, mestre em Psicologia pela UFMS. Contato: danielfoscaches@gmail.com

[2] QUINET, Antonio. "A escolha do sexo com Freud e Lacan". In. QUINET, A.; COUTINHO JORGE, M. A. (orgs). *As Homossexualidades na Psicanálise: na história de sua despatologização*. São Paulo: Segmento Farma, 2013.

O contexto em que estamos inseridos está muito marcado pela barbárie e por discursos e práticas segregacionistas que disseminam o ódio. Como a psicanálise está na pólis, os sintomas deste contexto sócio-histórico estão ressoando em nossas clínicas e provocando em nós, analistas, uma inquietante questão: qual a ética e a política do psicanalista diante de algumas situações que emergem nas falas dos nossos analisantes?

Dentre os diversos aspectos sociais que precisam ser abarcados pelo psicanalista, irei abordar neste trabalho um problema com o qual me deparo escutando alguns sujeitos obsessivos que se colocam do lado masculino das fórmulas da sexuação. Refiro-me à maneira como alguns homens tratam as mulheres em suas relações amorosas. Mais especificamente, proponho a questão: quais os impactos da maneira de amar desses homens obsessivos no que diz respeito à violência contra a mulher? Qual a ética do psicanalista entre a posição do sujeito que goza e o compromisso político de combater a violência contra a mulher, quando essa depreciação do objeto amoroso adquire contornos de sevícias?

Começaremos nosso raciocínio relembrando que, desde as valiosas contribuições de Freud em textos como o "Futuro de uma ilusão" e "O mal-estar na civilização", sabemos que a sociedade se funda para atender algumas necessidades dos sujeitos, como segurança, uma parcela de controle sobre a natureza e melhores formas de extrair desta as riquezas para satisfazer suas necessidades e parte de suas pulsões. Em contrapartida, essa estrutura social impõe restrições fundamentais a uma grande parte das pulsões de cada sujeito, processo que não ocorre sem consequências para as relações sociais, pois, ao ter que reprimir uma quota do seu aparato pulsional, observamos que a agressividade entra em jogo como um elemento constitucional do sujeito, levando Freud a afirmar que todo indivíduo é, potencialmente, um inimigo da civilização e que, portanto, essa organização social precisa ser defendida contra os interesses individuais, pois, há uma tendência destrutiva nos seres humanos que, muitas vezes, os conduz a executar comportamentos antissociais[3].

Em função dessa inclinação para a agressividade, Freud afirmou que as relações sociais sempre estão sujeitas a perturbações e a conflitos, na medida em que temos um cenário em que cada indivíduo está propenso a utilizar os demais para satisfazer parte de suas necessidades e pulsões, como por exemplo, usar o outro como objeto sexual, explorar sua mão-de-obra, apropriar-se de suas posses, torturá-lo e até matá-lo. Guiado por essa perspectiva epistemológica, no desenvolvimento de sua teoria da libido, Freud concluiu que além das pulsões que exercem uma função de preservação da vida, há também a pulsão de morte, a qual caracteriza-se, basicamente, por promover afetos e comportamentos auto e heterodestrutivos[4]. Apesar da dificuldade de comprovar a existência desse tipo de pulsão — mais ainda porque não se trata de uma concepção dicotômica, mas sim de uma perspectiva em que essas duas pulsões existem de forma mesclada e alternam suas intensidades de acordo com o contexto —, Freud nos apontou que no sadismo e no masoquismo essa mistura entre destruição e erotismo fica escancarada[5].

Neste momento, podemos abordar, então, um dos pontos centrais deste artigo, que são as relações amorosas não inibidas em sua finalidade, ou seja, relações nas quais os sujeitos

---

[3] FREUD. Sigmund. "O futuro de uma ilusão". In. *Edição Standard Brasileira das Obras Psicológicas Completas de Sigmund Freud,* vol. 21. Rio de Janeiro: Imago, 1996.

[4] FREUD. Sigmund. "Além do princípio do prazer". In*: Edição Standard Brasileira das Obras Psicológicas Completas de Sigmund Freud,* vol. 18. Rio de Janeiro: Imago, 1996.

[5] FREUD. Sigmund. "O mal-estar na civilização". In. *Edição Standard Brasileira das Obras Psicológicas Completas de Sigmund Freud,* vol. 21. Rio de Janeiro: Imago, 1996.

descobriram como aquelas que podem lhes proporcionar as mais intensas experiências de satisfação. Relações que, justamente por isso, fazem com que o sujeito, muitas vezes, viva em busca dessas experiências que sirvam de protótipo de uma vida feliz. Essa forma de relação humana apresenta-se muito perigosa, visto que deixa o sujeito dependente de uma parte do mundo exterior, isto é, do seu objeto amoroso, de modo que quando esse objeto é perdido, por algum motivo, o sujeito se depara com uma intensa fonte de sofrimento, pois a libido não aceita facilmente se desinvestir de um objeto amado, fato que pode dar vazão à auto ou hetero-agressividade, mostrando, mais uma vez, uma inclinação à destruição presente nas relações eróticas. Freud cita, inclusive, o exemplo de uma camponesa que se queixava de que seu marido não a amava mais, pois havia uma semana que ele não a espancava[6].

Aqui, faz-se necessário relembrar algumas características amorosas que podemos encontrar em homens obsessivos, sendo elas: a) o sentimento amoroso se faz mais intenso se a mulher amada não for totalmente desimpedida, ou seja, se houver um outro homem que possa desempenhar um papel de rival, tal objeto erótico fica mais interessante; b) o amor também se intensifica quando o objeto sexual é identificado como alguém cuja reputação e fidelidade podem, de alguma forma, serem questionadas, condição esta que faz com que o homem dispenda uma grande quantidade de energia e se coloque como o possível salvador da referida mulher; c) uma necessidade de depreciação do objeto amoroso. Trocando em miúdos, essa forma de amar faz com que o homem opere uma separação entre o objeto digno de sua afeição e seu respeito, mas com o qual ele não se permite transar satisfatoriamente e, por outro lado, a mulher com quem

---

[6] *Idem*, p. 111.

pode realizar seus prazeres sexuais, ao mesmo tempo em que a deprecia como um objeto inferiorizado[7].

Corroborando a teoria freudiana, Quinet nos demonstrou que, para além do sujeito obsessivo, a escolha do objeto sexual é sempre marcada pelo conflito, seja ele entre o objeto atual, substituto, e o objeto originário, perdido. Ou seja, o conflito gerado pelo fato de que o objeto substituto está sempre com a marca de ser de propriedade de um outro, característica que está na base do ciúme, o qual, mais do que um tempero, é uma condição da vida erótica, uma substância constituinte do amor. Isso nos permite afirmar que o triângulo amoroso não é uma exceção, mas, ele compõe o que há de estrutural nas relações amorosas, uma vez que o objeto está sempre no campo do Outro.

Sabendo que os objetos escolhidos para investimento libidinal são apenas substitutos do objeto perdido e que, portanto, não são capazes de fornecer uma satisfação plena ao homem — e que, além disso, um sujeito que se coloque do lado feminino das fórmulas da sexuação apresenta as suas peculiares condições para fantasiar e gozar, as quais, em geral, confrontam-se com as formas masculinas de gozo —, podemos enfatizar a máxima lacaniana, segundo a qual, não há relação sexual. Assim, longe de negar a diferença entre o masculino e o feminino, o que a psicanálise lacaniana propõe é que não é o sexo, o órgão que faz essa diferenciação e que também não é possível uma satisfação plena da pulsão, fazendo com que sempre emerja o vazio.

Abordando um pouco essa diferença entre o masculino e o feminino a partir das fórmulas da sexuação, podemos observar que, de uma perspectiva, o lado masculino pode ser apreendido

---

[7] FREUD. Sigmund. "Um tipo especial de escolha de objeto feita pelos homens (Contribuições à psicologia do Amor I)". In. *Edição Standard Brasileira das Obras Psicológicas Completas de Sigmund Freud*, vol. 11. Rio de Janeiro: Imago, 1996.

por um quantificador universal, caracterizado pelo modo fálico de gozo, enquanto o lado da mulher desfruta de duas modalidades de gozo, quais sejam: o gozo fálico e o gozo feminino ou o gozo Outro, o que faz uma impossibilidade de a mulher ser identificada por um marcador genérico. A mulher é justamente caracterizada como não-toda, ideia que subverte a noção do feminino, permitindo uma compreensão que desemboca na máxima segundo a qual "A Mulher não existe". Ou seja, as mulheres devem ser compreendidas no uma a uma, não havendo uma categoria universal em que elas se encaixem[8].

Outra disparidade se encontra nas modalidades da fantasia: o sujeito que está do lado masculino toma o sujeito feminino como objeto *a*, causa de desejo, ao passo que o sujeito feminino não considera o homem como um sujeito, mas sim como o falo. Enfatizamos que essa construção teórica não tem a ver com uma concepção binária de gêneros, tampouco anatômica, abordando o masculino e o feminino como posições subjetivas, como semblantes, como posições de gozo, independentemente da escolha de objeto amoroso[9].

O modo pelo qual um sujeito que está do lado masculino se utiliza para se assegurar de sua masculinidade é pela apropriação fálica. Isso não quer dizer que é por ter o falo imaginário, mas, pelo contrário, por não o ter que sujeito tenta se apropriar de diversos objetos e variadas condições que podem funcionar como substitutos do falo. São atenuadores da castração que podem ser: um, dois ou mais parceiros amorosos, um trabalho, um título, dinheiro, dentre outros. Como já vimos, por serem apenas substitutos, esses objetos satisfazem somente uma parte

---

[8] QUINET, Antonio. "A escolha do sexo com Freud e Lacan". In. QUINET, A.; COUTINHO JORGE, M. A. (orgs). *As Homossexualidades na Psicanálise: na história de sua despatologização*. São Paulo: Segmento Farma, 2013.

[9] *Idem.*

dessa forma de gozo, motivo pelo qual o sujeito está sempre com a angústia de perdê-los, ainda mais porque há sempre uma histérica ou um histérico — um falo falante demais — provocando-o, colocando à prova sua masculinidade. A redução do Outro sexo a um objeto, objeto *a-sexuado*, a um pedaço de corpo que pode ser destacável, faz-se necessário para essa forma de gozar[10].

Longe de querermos nos aprofundar nas fórmulas da sexuação, fizemos aqui foi apenas um esboço geral para contextualizar o nosso tema, para demonstrar que, nas relações amorosas, trata-se mais de desencontros do que de encontros. Nós o fizemos de modo a abordar algumas questões relacionadas à violência contra a mulher, sendo elas: quais recursos um homem obsessivo pode usar para lidar com esse impasse? Dentre esses recursos para lidar com o fato de sua masculinidade estar sendo colocada à prova por uma mulher, para lidar com as disparidades entre as formas de gozo e as construções fantasmáticas masculina e feminina, pode haver uma saída por meio da violência?

Temos aqui um contexto perfeito para falar da confluência entre prazer e morbidez, satisfação e destruição que, inevitavelmente, deságua no conceito lacaniano de gozo. Antes de adentrar neste conceito é necessário frisar uma acepção básica da psicanálise — que já vem sendo exposta em vários momentos ao longo deste texto — de acordo com a qual a constituição do sujeito se dá em torno de um furo, de um vazio, que é o lugar do objeto perdido. É também a partir deste furo que se constitui o desejo que, por estrutura, é sempre insatisfeito. Lacan se utiliza da metáfora do oleiro construindo um vaso em torno de um buraco, de um furo, para exemplificar como ocorre a construção subjetiva, que acontece a partir da criação

---

[10] *Idem.*

da cadeia significante em torno de *das Ding*, a Coisa[11]. A Coisa (*das Ding*) é justamente esse Outro absoluto do sujeito, esse representante do objeto perdido, o que o sujeito passa a vida tentando reencontrar. Entretanto, esse reencontro acontece somente como saudade, pois o máximo que ele consegue é se agarrar às coordenadas de prazer ligadas a esse objeto, mas nunca ao objeto em si.

Esses rastros de prazer deixados pelo objeto perdido são os guias que vão orientar o caminho que o sujeito vai percorrer, o modo como ele vai perceber o que é chamado de realidade e, inclusive, a maneira como ele vai estabelecer seus relacionamentos, fato que demonstra que o princípio do prazer não é suprimido pelo princípio da realidade, mas, muito diferente disso, ele vai fazer um revestimento dessa realidade. É essa situação que os sujeitos neuróticos nos apresentam diariamente na clínica a partir de suas percepções alucinatórias do mundo, alucinações essas que estão vestidas pelo desejo de cada um. Por isso Lacan destacou que a verdade que uma análise busca é uma verdade libertadora e não uma verdade que se apresente como uma lei superior[12]. É uma verdade particular, que se localiza num ponto de sonegação do sujeito. A forma como ela se articula é se apresentar para cada um como um *Wunsch* imperioso,

> o qual encontramos, em seu caráter particular irredutível, como uma modificação que não supõe outra normatização senão a de uma experiência de prazer ou de penar, mas uma experiência derradeira de onde ele jorra, e a partir da qual ele se conserva na profundeza do sujeito sob uma forma irredutível.[13]

---

[11] LACAN, Jacques. *O seminário, livro 7: A ética da psicanálise.* Trad. Antonio Quinet. Rio de Janeiro: Jorge Zahar Ed., 2008.

[12] *Idem.*

[13] *Idem,* p. 35.

De acordo com Quinet, as relações amorosas são terrenos férteis para que esse *Wunsch* imperioso incida, para que o sujeito pense que é ali que se encontra o objeto perdido[14]. Pois, seguindo a afirmação de Lacan, o desejo humano é o desejo do Outro. Como, para o sujeito neurótico, esse Outro é inconsistente, é barrado pela marca da falta, é na medida em que ele percebe essa falta do Outro que o sujeito vai em busca do que lhe falta. Nesse sentido, a questão que lhe é endereçada por intermédio desse Outro (*Che vuoi?*) também traz a questão sobre o que o outro, parceiro, deseja em uma relação — e como o sujeito pode suprir essa falta. Para complementar e para ir além do Outro, o desejo do sujeito sempre depende de um outro, radicalmente outro, parceiro libidinal do sujeito, aquele que contém o objeto *a*, o objeto causa do desejo. No entanto, a tentativa de satisfazer a necessidade e de preencher a falta contida na demanda leva a uma desconsideração desse parceiro amoroso enquanto sujeito, fazendo com que este reaja com uma atitude de recusa para que o desejo continue a advir.

Outro aspecto do desejo que nos interessa aqui é a sua relação com a lei, uma vez que, em uma análise, ela é muito bem representada pela demanda inconsciente do Outro. Isso nos leva ao entendimento de que, mais do que saber o que o sujeito demanda, precisamos saber como o sujeito se relaciona com essa demanda do Outro. Aqui, o desejo, por estar vinculado à lei, é aquilo pelo qual o sujeito se situa nessa relação, possibilitando a ele a escolha de ficar no lugar de falo da mãe ou sair disso e se constituir de forma singular na partilha dos sexos. Lacan nos mostrou que a origem dessa demanda inconsciente é o desejo incestuoso pela mãe, o qual não pode jamais ser satisfeito pois

---

[14] QUINET. Antonio. *A descoberta do inconsciente: do desejo ao sintoma.* Rio de Janeiro: Jorge Zahar Ed., 2000.

isso implicaria, então, na abolição de toda a demanda[15]. Sendo assim, a lei, sobretudo a lei do incesto, é o que mantém a relação do sujeito com *das Ding*, que faz com que ele continue buscando aquilo que nunca poderá reencontrar.

Os dez mandamentos se colocam justamente em favor dessa função, ou seja, de manter o sujeito afastado de toda possibilidade de realização do desejo incestuoso e essa interdição é condição *sine qua non* para que subsista a fala. O curioso é que os sujeitos passam todo o tempo de sua vida gozando com a transgressão dos dez mandamentos. Como não há um Bem Supremo a ser alcançado nas relações sociais, pois, esse Bem está proibido, percebemos que nessa busca dos sujeitos o que se coloca como lei, como interdição, está intrinsecamente ligado à própria estrutura do desejo, de modo que os sujeitos estabelecem suas condutas visando a deixar o objeto de seu desejo sempre a uma certa distância. Contudo, essa distância é uma distância íntima, que mantém uma proximidade, a ponto de podermos dizer que o parceiro de uma relação é o seu próximo. Tanto que o ápice de um mandamento ético termina na estranheza da sentença segundo a qual deve-se "amar ao próximo como a si mesmo", escancarando que é próprio à lei das relações humanas que o sujeito se constitua ele mesmo como seu próprio próximo em sua relação com seu desejo[16].

Para atingir absolutamente *das Ding*, para abrir todas as comportas do desejo, observamos que, no sadismo, há no horizonte essencialmente a dor, a dor de outrem e, ao mesmo tempo a dor do sujeito, visto que são, essencialmente, a única e mesma coisa. Pois o extremo do prazer, na medida em que força o acesso à Coisa, é insuportável ao sujeito. Eis o que constitui o caráter

[15] LACAN, Jacques. *O seminário, livro 7: A ética da psicanálise.* Trad. Antonio Quinet. Rio de Janeiro: Jorge Zahar Ed., 2008.

[16] *Idem.*

derrisório, até maníaco, das narrativas de Sade ou de Bataille, em *História do olho,* por exemplo. Desse modo, vemos em nossas clínicas como é difícil e doloroso para os neuróticos relatarem suas fantasias. "As fantasias, num certo grau, num certo limite, não suportam a revelação da fala"[17].

Percebemos, então, uma relação intrínseca entre a lei, o desejo e a transgressão, relação essa que foi abordada por Lacan, no *Seminário 7*. Ali, Lacan diz que a lei não é equivalente a *das Ding*, elas não são a mesma e única coisa. No entanto, é através da lei que nós conhecemos *das Ding*, é a lei que dá vida à Coisa, de maneira que só desejamos o que é proibido porque a fala instituiu a proibição. Podemos tomar como exemplo a transgressão — que ocorre a todo momento — do mandamento que diz que não se pode cobiçar a mulher do próximo. É possível observarmos dois efeitos nesta sentença: não é uma Coisa qualquer que eu desejo, mas é a Coisa do meu próximo. É na medida em que mantém uma distância da Coisa fundada pela fala que esse mandamento adquire seu valor.

> [...] sem a lei a Coisa estava morta. Quando eu estava sem a lei, eu vivia; mas, sobrevindo o mandamento, a Coisa recobrou vida e eu morri. Assim, o mandamento que devia me dar a vida conduziu-me à morte. Porque a Coisa, aproveitando da ocasião do mandamento, seduziu-me, e por ele fez-me desejo de morte.[18]

Estes apontamentos nos mostram que, para seguir o caminho de seu prazer, o sujeito deve, literalmente, contornar *das Ding*, e que aquilo que o governa neste caminho não é nenhum

---

[17] *Idem*, p. 100.
[18] *Idem*, p. 103.

Bem Supremo. Para além de um certo limite do nosso prazer estamos, no que diz respeito ao que *das Ding* recepta, numa posição enigmática, pois não há uma regra ética que faça mediação entre nosso prazer e sua regra real. Para ilustrar uma representação do ser humano vivendo nessa busca pelo prazer, Lacan nos traz a seguinte fala de Lutero: "*Sois o dejeto que cai no mundo pelo ânus do diabo*. Esse é o esquema que impele às últimas consequências o modo de exílio em que o homem se encontra em relação a qualquer bem que seja no mundo"[19].

É esse excesso com que o sujeito se depara, ao qual ele tem acesso pela via da transgressão da lei, que Lacan conceitua como gozo.

> A transgressão no sentido do gozo só se efetiva apoiando-se no princípio contrário, sob as formas da Lei. Se as vias para o gozo têm, nelas mesmas, algo que se amortece, que tende a ser impraticável, é a interdição que lhe serve, por assim dizer, de veículo utilitário, de tanque para sair desses círculos que trazem sempre o homem, sem saber o que fazer, para a rotina de uma satisfação curta e tripudiada.[20]

Associando essa concepção à ideia segundo a qual *das Ding* não é o objeto — posto que a Coisa se encontra no âmago da economia libidinal — mas sim que o objeto, que tem fundamentos narcísicos e uma inserção no imaginário, pode ser elevado à categoria de *das Ding* por meio da sublimação, podemos entender o fato de um sujeito colocar uma mulher nesse lugar de interesse, lugar que tem a ver com sua imagem, seu reflexo. Contudo, ao se deparar com o Real da castração — já que em

---

[19] *Idem*, p. 116, grifo no original.
[20] *Idem*, p. 212.

toda forma de sublimação o vazio é determinante —, o sujeito pode partir para a destruição de tal objeto por não conseguir contornar esse furo, esse nada com uma modelagem simbólica de significantes. "O mau pode estar na Coisa. A Coisa constitui o humano e ambos podem ser definidos como aquilo que do Real padece do significante"[21].

Retomando a pergunta lançada no início deste texto sobre a ética do analista diante de um sujeito obsessivo que direciona seus atos para colocar em prática uma violência contra uma mulher, inicio a resposta demarcando que a ética da psicanálise é uma ética guiada pelo desejo, pela singularidade e, sobretudo, pela falta. Nesse sentido, compreendemos que uma análise jamais deve ser conduzida buscando uma complementariedade, o Bem, o Belo, tentando fazer existir a relação sexual, pois abordagens psicoterápicas que buscam considerar o mal-estar, o pior e o horror como estrangeiros, muito facilmente podem ser identificadas com uma abordagem religiosa, no amplo sentido que essa expressão pode ter.

Lacan enfatizou que o analista deve dirigir o tratamento, mas não deve, de modo algum, dirigir o paciente, que uma análise não deve se configurar com objetivos de promover uma reeducação emocional para o analisante, mas favorecer a aparição do sujeito do inconsciente. Assim, o analista deve suportar o fato de as fantasias do sujeito serem despejadas sobre sua pessoa, diante do que deve fazer-se de morto no que tange as suas questões pessoais. Esse "fazer-se de morto" não pretende significar uma isenção do analista, mas sim uma abnegação deste enquanto pessoa, ao passo que, enquanto função, o analista não somente se faz vivo, como também paga sua quota no processo de análise. Este pagamento ocorre por meio de suas palavras, de seus atos nas

---

[21] *Idem,* p. 152.

interpretações, por meio de sua pessoa — retirando-a do jogo ao mesmo tempo em que a empresta para a transferência — e, por fim, paga com o que há de essencial no seu juízo mais íntimo para intervir numa ação que vai ao cerne do ser. Diante dessas considerações, Lacan afirmou que o analista é, então, menos livre em sua estratégia do que em sua tática, contudo, é menos livre ainda em sua política[22].

Devemos relembrar o que Lacan nos afirmou sobre a ética da psicanálise se chocar com o que pode se chamar de uma pastoral analítica, ou seja, uma condução terapêutica que negue a falta e a pulsão de morte, dando ênfase à uma busca pelo Belo e por um Bem supremo. Lacan nos alerta de que, a cada instante, temos de saber qual deve ser nossa relação com o desejo de fazer o Bem, com o desejo de curar. Esse desejo é algo que só pode nos desencaminhar. Indo mais além, podemos afirmar que o nosso desejo deve ser caracterizado com um não-desejo de cura, deve-se estar sempre alerta contra a "falcatrua benéfica do querer-o-bem-do-sujeito"[23].

Sabendo disso — e sabendo ainda que o ser ao qual o desejo se dirige nada mais é do que um ser do significante, e que é o significante que permite a articulação da pulsão —, um analista deve conduzir a análise visando a que o sujeito compreenda como se deu a constituição de seu gozo, qual a sua responsabilidade nessa escolha, auxiliando-o no processo de construção simbólica de uma cadeia significante que possa contornar o vazio. Como nos ensinou Lacan, um psicanalista deve, por meio de sua práxis, situar o sujeito em seu estado de fenda, de *Spaltung*,

---

[22] LACAN, Jacques. "A direção do tratamento e os princípios do seu poder". In. *Escritos*. Trad. Vera Ribeiro. Rio de Janeiro: Jorge Zahar Ed., 1998, p. 593.

[23] LACAN, Jacques. *O seminário, livro 7: A ética da psicanálise*. Trad. Antonio Quinet. Rio de Janeiro: Jorge Zahar Ed., 2008, p. 262.

enfatizando que, por nossa posição de sujeito sempre somos responsáveis[24]. Embora isso, para alguns, possa parecer terrorismo, é muito melhor e do que incorrer no erro grotesco da boa-fé.

Todas as espécies de bens tentadores se oferecem ao sujeito, mas um analista não pode se colocar para um analisante como uma promessa de acesso a todos esses bens. Ao contrário, o eixo central dessa relação deve ser a falta. Assim como a instituição da proibição do incesto, um analista deve, com seu desejo de analista, sem temor e nem piedade — características da posição de Antígona — marcar muito bem que a saída pela violência contra a mulher não é permitida, instituindo uma lei que possa ficar a serviço do desejo para que este sobrevenha ao gozo. "Assim, é antes a assunção da castração que cria a falta pela qual se institui o desejo. O desejo é desejo de desejo, desejo do Outro, como dissemos, ou seja, submetido à lei. O desejo vem do Outro e o gozo está do lado da Coisa"[25].

---

[24] LACAN, Jacques. "A ciência e a verdade". In. *Escritos*. Trad. Vera Ribeiro. Rio de Janeiro: Jorge Zahar Ed., p. 869.

[25] LACAN, Jacques. "Do '*Trieb*' de Freud e do desejo do psicanalista". In. *Escritos*. Trad. Vera Ribeiro. Rio de Janeiro: Jorge Zahar Ed., p. 866.

SANTA TERESA: UM ESCÂNDALO DE MULHER

Rocio Fabiane[1]

Nosotros no somos ángeles, sino tenemos cuerpo

Santa Teresa

Teresa de Ahumada, escritora, feminista, humanista e mística. É ela que dá corpo a uma Santa Teresa d'Avila, uma mulher sem fronteiras, que faz de sua escrita seu território. Certamente uma das primeiras feministas e, talvez, a primeira a não morrer na fogueira, mas a arder de amor nas fornalhas acesas de seu corpo.

Kristeva comenta em uma entrevista:

> a carmelita não inventou a psicanálise, nem a escrita moderna, mas esclareceu aquela estranha experiência que é o pensamento nas fronteiras do sentido e do sensível, corpo e alma juntos: os segredos da escrita. Explorou o gozo que a exila de si mesma: transporte ao inominável, mas que tenta exprimi-lo com sua escrita.[2]

---

[1] Psicanalista, graduada em Psicologia pela UFMS, pós-graduada em Clínica Psicanalítica e com especialização em Psicanálise com crianças e adolescentes (PUC-MG) – em curso. Membro do Ágora Instituto Lacaniano e do Fórum do Campo Lacaniano do Mato Grosso do Sul. Contato: rociofabiane@hotmail.com

[2] KRISTEVA, Julia. *Teresa, Amor Mío.* Trad. Antonio Rodríguez. Barcelona: Paso de Barca, 2015.

Se trata de uma mulher que toma a palavra para si e escreve em primeira pessoa num tempo em que nada lhe era propício, em que o diabo perseguia corpos femininos. Com coragem extraordinária defende a experiência individual e ajuda abrir as portas do humanismo iluminista. O que lhe traria a canonização como santa católica e o reconhecimento como primeira doutora da Igreja.

Na mesma entrevista, Kristeva a apresenta como uma contemporânea, afinal, sua escrita perdura há 5 séculos, e seu barroquismo, sua divisão, nos aproxima como sujeitos. Assim como outros autores religiosos, como Santo Agostinho, Teresa tem seu lugar enquanto escritora com seu valor estético e literário.

Ninguém escapa ao tempo em que vive. Para essa mulher, na Espanha no século XVI, havia apenas três saídas: o casamento, a fogueira ou o convento. O casamento era aquele idealizado dos contos de cavalaria e do qual o homem barroco estava muito longe. Esses mesmos contos pelos quais era aficionada se tornariam, os contos de fadas que rondaram o imaginário coletivo de moças casadoiras pelo menos até o século XX. Mas Teresa era a própria cavaleira errante. Andando por toda Espanha, enganaria a Inquisição e revolucionaria a ordem das carmelitas.

Teresa corria perigo. Seu primeiro biografo, Frei Luís de Leon diz: "Teresa fazia qualquer um perder a cabeça", era sedutora e exuberante, seu temperamento ousado e destemido era demais para sua época. Gostava de ter a palavra. Na adolescência, aperfeiçoou sua comunicação, aliando-a à presença corporal e temperamental, o que trouxe inquietações à sociedade de Ávila. Seu pai passou a temer que revele não só a mulher que sabe gozar, mas o segredo da família.

Uma família de cristãos novos, recém-convertidos do judaísmo. Seu pai que estava sempre às voltas com esse segredo, ao perceber o burburinho que sua jovem filha suscitava, e que nela não havia nenhuma inclinação para o casamento, a envia para o mosteiro, dando-lhe, assim, algum tempo para que se decida. Teresa encontrou a rígida e implacável entidade que regia a vida espiritual do século XVI. Não era o Deus humanizado e amoroso do século XXI. Essa imagem, é ela que ajudará a construir.

Segundo Strausz, sua primeira experiência no mosteiro é de intenso sofrimento e quase morte[3]. Passa os primeiros anos com virulentos sintomas: anorexia, paralisia, febres, convulsões, extrema fraqueza, desmaios e dores fortes por todo corpo. Os misteriosos sintomas começam a ceder aos 25 anos. Durante sua recuperação, Teresa se abandona a um profundo diálogo interno. Decide-se por ser monja, diz que será como viver no purgatório, mas que poderia suportar toda uma vida no purgatório se depois tivesse a redenção do Eterno.

Sua cidade, Ávila, rodeada por desfiladeiros rochosos, tem como lema: "antes quebrar que ceder". Talvez venha daí a bravura decidida de Teresa que, após sua decisão irrevogável pelo mosteiro, retorna de seu gozo superegoico de "gozar sofrendo". Seu corpo se vivifica, volta a exercer sua sedução, mas não qualquer. Teresa tinha habilidade em se comunicar, fora alfabetizada ainda muito pequena e cresceu cercada por livros e pergaminhos.

Se tornou hábil em fazer negócios, conseguiria impor sua nova política e reformaria a ordem das carmelitas. Não cede de seu desejo: enfrenta a (santa) Inquisição e, com suas sandálias, caminha pela Espanha e funda 18 novos conventos. A vida religiosa lhe torna possível ser exatamente quem era e experenciar em seus êxtases o encontro com o Outro absoluto. Teresa se vale da escrita para dar contornos a suas ideias e seu infinito particular.

---

[3] STRAUSZ, Rosa Amanda. *Teresa, a santa apaixonada*. Rio de Janeiro: Objetiva, 2005.

A MÍSTICA EM CORPO E ALMA: "AVASSALADORA DOÇURA DESSA DOR EXCESSIVA"

Teresa é mulher barroca que testemunha em seu corpo a própria alma atormentada e agônica, tensa entre a sensualidade e a mística, o efêmero e eterno, o céu e terra, o corpo e alma. Dos transbordamentos de suas contradições, tornou-se a principal voz feminina do barroco espanhol e a maior escritora espanhola do século XVI.

Lacan coloca seu próprio estilo ao lado do barroco: "E é o que vai me fazer mergulhar na história do cristianismo. O barroco é a historieta de Cristo, quero dizer o que conta a história de um homem"[4]: "de tudo que se desenrolou dos efeitos do cristianismo, principalmente na arte, e nisto que encontro o barroquismo com o qual aceito ser vestido — tudo é exibição de corpo evocando o gozo"[5].

Lacan comenta, ainda, sobre a experiencia mística: "É algo de sério, sobre qual nos informam algumas pessoas, mais frequentemente mulheres"[6]: "eles entreveem, eles experimentam a ideia de que deve haver um gozo que esteja mais além. É isto que chamamos os místicos"[7]. Sobre Santa Teresa, Lacan afirma: "basta que vocês vão olhar em Roma a estátua de Bernini para ver que ela goza"[8]. Do que ela goza?

O que vemos? Vemos a potência arrebatadora da imagem, a materialidade do corpo esculpido em contornos. O corpo em absoluta volúpia no centro da igreja, os lábios entreabertos, dos quais quase pode-se ouvir os gemidos que faz vibrar o silêncio do mármore. Segundo a própria santa, "a dor era tão grande que

---

[4] LACAN, Jacques. *O Seminário, livro 20: Mais, ainda*. Rio de Janeiro: Jorge Zahar Ed., 2008, p. 115.

[5] *Idem*, p. 121.

[6] *Idem*, p. 81.

[7] *Idem*, p. 82.

[8] *Idem*, p. 103.

eu soltava gemidos, era tão excessiva a suavidade produzida por essa dor imensa que a alma não desejava que tivesse fim"[9].

Em *Mais, ainda*, Lacan nos diz: "o barroco é a regulação da alma pela escopia corporal". Sobre o êxtase acrescenta: "o testemunho essencial dos místicos é justamente de dizer que eles o experimentam (o gozo) mas nada sabem dele"[10]. Ao passo que Teresa escreve a experiência de seus êxtases em termos de um amor desatinado, por palavras que evocam imagens, sensações físicas e sentidos inflamados em corpo e alma. É o que encontramos em citações como "*não há sentir, mas um regozijar-se sem compreensão de sua causa, porque já não resta poder no corpo nem na alma, para comunicação desse gozo*"[11], ou "*como não pode compreender o que entende, é um não-entender entendendo*"[12].

O Deus-Pai assustador, passa a esposo amado. Deus não a domina, mas a habita; o amado não está além, mas nela. Ela é ele, e ele é ela, diante de uma interioridade-exterioridade recíprocas do corpo e do Outro, cada um sendo, ao mesmo tempo, interno e externo. O Outro é uma exterioridade intima:

> Fora de ti não há buscar-me,
> Porque para encontrar-me a Mim,
> Bastará só nomear-me,
> Que a ti irei sem tardar-me,
> E a Mim buscar-me-ás em ti
> Porque tu és meu aposento.[13]

---

[9] D'ÁVILA, Teresa. *Obras Completas.* Texto revisado e estabelecido por Frei Tomas de la Cruz. Burgos: Editorial Monte Carmelo, 1997, p. 217.

[10] LACAN, Jacques. *O Seminário, livro 20: Mais, ainda.* Rio de Janeiro: Jorge Zahar Ed., 2008, p. 82.

[11] D'ÁVILA, Teresa. *Obras Completas.* Texto revisado e estabelecido por Frei Tomas de la Cruz. Burgos: Editorial Monte Carmelo, 1997, p. 113.

[12] *Idem*, p. 117.

[13] *Idem*, p. 979.

Em sua imersão nas moradas de seu castelo interior há um completo abandono, explora o exilio de si, transporta o corpo no infinito. Colette Soler em *O em-corpo do sujeito*, cita Lacan: "um sujeito como tal não tem muito o que fazer com o gozo. Ao contrário, um corpo sim"[14]. Para gozar é preciso um corpo substancial; "o corpo não deixar de participar um pouco, e às vezes muito"[15].

Apossada da palavra escrita de sua autoanálise, Teresa se torna uma *expert* em metapsicologia. Com o avanço de sua escrita, elabora uma engenhosa topologia psíquica. Em *O castelo interior*, Teresa constrói uma extensa obra com teoria e métodos sobre a ascensão da alma, as moradas internas e seus atravessamentos de níveis da psiquê em busca da verdade; mais ainda, as últimas moradas se referem a experiência do êxtase.

Se as jovens vienenses mostram a Freud os resquícios da sexualidade infantil recalcada, Santa Teresa aponta a Lacan o resto da sexualidade que desvela o gozo feminino. Assim, ele eleva a dignidade da experiencia mística e deixa para traz o "santa das histéricas". Sem a medida fálica, a ex-sistência, a infinitude do divino como posição feminina.

---

[14] SOLER, Colette. *O em-corpo do sujeito*. Salvador: Agalma, 2019, p. 181.
[15] *Idem*, p. 217.

LULU, ZEFA E A MENINA: HISTÓRIAS DA CASA GRANDE

Hilza Maria de Aquino Nunes Ferri[1]

Essas escrevivências podem ser a história de tantas outras mulheres ou meninas. Como Lacan diz: "A verdade tem um limite e por isso, é um semi-dizer, mas por outro, é sem limite, é aberta"[2]. Portanto, a verdade só pode ser semi-dita e tem estrutura de ficção, uma ficção que fala de uma verdade não-toda dita.

A história acontece na Casa Grande, onde várias mulheres estavam em seu entorno. A menina vivia nesses arredores, via e ouvia muitas histórias. Era uma cozinha cheia de mulheres, tinha a Zefa, forte, trabalhadeira e muito corajosa. Como se fala no Nordeste, era arretada. Tinha também a Lulu, que cuidou de todos os filhos do senhor da Casa Grande e também de seus netos e não tinha ninguém por ela. Até hoje elas ainda estão nessa família, passaram-se anos e ainda estão lá.

A Lulu tinha vindo novinha para a Casa Grande, muito menina e lá foi crescendo, cuidou de todas as crianças que nasciam na família. Passou a morar na casa dos filhos do senhor para

---

[1] Psicóloga, psicanalista, membro do Ágora Instituto Lacaniano, Membro do Fórum Lacaniano de Mato Grosso do Sul, Pós-graduada em Psicopatologia e Psicanálise pela UNIGRAN-CG, graduada em Direito, mestranda em psicologia. Contato: hilzaferri@hotmail.com

[2] LACAN, Jacques. *Os não-tolos erram/Os nomes do pai.* Inédito.

ajudar com as crianças que iam nascendo e ia pulando de casa em casa, mas nunca teve a sua própria casa. A Zefa era a cozinheira, era dura e atrevida, assim a menina ouvia alguns dizerem.

Era na cozinha da Casa Grande, nos fundos da casa, que ficavam as três personagens a maior parte do tempo. Parecia ser lá o lugar mais afetuoso da casa, com seus cheiros e gostos e todas aquelas mulheres que circulavam por ali. A panelada feita de tripa de carneiro que a Zefa escaldava bem para sair o cheiro forte, a galinha à cabidela feita no sangue, a paçoca feita no pilão, o arroz de leite, a bala de café.... Tudo parecia mágico naquele lugar. Era um território do feminino, espaço de conversas, desabafos compartilhados e alguns segredos semi-ditos.

Apesar desse universo feminino que lhe parecia mágico, a menina foi presenciando e vivenciando situações de muita violência e preconceito. Via que o senhor da Casa Grande mexia e cutucava a Zefa, mas era tudo considerado brincadeirinha: "Vamos deixar para lá, é só uma forma de brincar, chega a ser inocente."

Teve uma cena traumática, quando a menina viu a Lulu ser agredida. Um dos filhos do senhor chegou gritando e partiu para as via de fato, a segurou pelos cabelos e a jogou longe contra a parede; depois, chutou-a e disse: "Falei para você ficar de boca calada e cuidado com o que vai falar para minha esposa da próxima vez."

A Lulu tremia inteira, estava gelada, pálida. Ela se agarrou à menina chorando, trêmula, dizendo que se tivesse pai ou marido isso não teria acontecido. A menina estava aterrorizada, se sentindo um nada (e era). Ambas vivenciaram tal agressão por serem consideradas restos.

Mais tarde a Lulu engravidou e, apesar de ter cuidados de tantas crianças ao longo da sua vida na Casa Grande, não podia cuidar da sua. Logo que a criança nasceu, ela a deu a uma família que pudesse lhe cuidar bem. Dar a educação, a saúde e a dignidade que ela mesma não tinha. A menina ouviu dizer, por conversas trazidas pelo vento, que foi fruto de uma relação fora da Casa Grande.

Quanto à menina, que a tudo assistia e ouvia, era chamada pelas pessoas da Casa Grande de Gasguita. Gasguita é um significante que diz de uma pessoa que fala pela garganta, de forma alta. Isso trazia um desconforto ao entorno e diziam para ela se calar. Como um faz de conta, a menina devia fingir que nada estava acontecendo e suportar o insuportável do não dito.

Para suportar o insuportável de não poder ter seu próprio dizer, a garganta adoeceu e a palavra se calou, mas como escreve Gloria Anzaldúa: "Como se doma uma língua selvagem, adestra-a para ficar quieta, como você a refreia e põe sela? Como você faz ela se submeter?... Línguas selvagens não podem ser domadas, elas podem apenas ser decepadas"[3].

O interior de uma casa guarda segredos inimagináveis, que uma garganta gasguita é proibida de dizer. Assim as amigdalas da menina gasguita foram arrancadas e, mais tarde, cicatrizadas, momento em que pôde falar sobre o que viveu nesses anos de Casa Grande.

Calar um dizer, tirar a história do sujeito, mesmo sendo esta sua ficção, é destruidor. A psicanálise desponta como uma possibilidade de reaparecimento destes dizeres e os movimentos sociais feministas, como a luta para recuperar essas vozes de forma afirmativa, em medidas concretas, comunitárias, através também de políticas públicas. Portanto, esses movimentos ainda precisam de políticas que garantam algumas proteções. "Quem disse que privar um povo de sua língua é menos violento do que guerrear?"[4].

Grada Kilomba escreve: "A língua, por mais poética que possa ser, tem também uma dimensão política de criar, fixar e

[3] ANZALDÚA, Gloria. "Como domar uma língua selvagem". In. *Cadernos de Letras da UFF Dossiê: Difusão da língua portuguesa*, n. 39, 2009, p. 305.

[4] *Idem, ibidem.*

perpetuar relações de poder e de violência, pois cada palavra que usamos define o lugar de uma identidade"[5]. A política, o poder patriarcal, o racismo, questões de classe econômica, tornam a diferença motivo de desigualdade que desumaniza, faz do outro resto, coisa, abjeto, puro objeto.

Oliveira, recorrendo ao pensamento de Val Flores, escreve que "a palavra é o destino de quem recusa o cativeiro"[6]. É com esse dizer que uma mulher pode confeccionar novos arranjos, não precisando mais pagar com seu corpo e com seu silêncio. Dizeres que a atravessem em ato para que possa sair do lugar que ocupa no fantasma que não é seu, mas do Outro social.

Grada Kilomba fala da tomada da palavra como processo de descolonização, que se inicia com a "negação, culpa, vergonha, reconhecimento, reparação", o que "não é um percurso moral, mas um percurso de responsabilização"[7]. Estes processos são formas de a palavra ser ressignificada. Isso é o que permite a responsabilização de um dito, possibilitando, assim, que um sujeito e um povo possam se apropriar de sua história.

Oliveira, em seu artigo "A docência como uma performance feminista", faz referência ao conceito de "auto-história", elaborado por Gloria Anzaldúa, que liga o coletivo ao singular, em formato de ficção autobiográfica. A autora do artigo coloca que se deve "escrever para não esquecer e também para ocupar espaços dos quais fomos terrivelmente apartadas"[8], pois a escrita nos

---

[5] KILOMBA, Grada. *Memórias da plantação*: *episódios de racismo cotidiano.* Tradução de Jess Oliveira. Rio de Janeiro: Cobogó, 2020, p. 11.

[6] OLIVEIRA, Erika Cecilia Soares. "A docência como uma performance feminista". In. *Pesquisas e Práticas Psicossociais*, v. 15, São João del-Rei, 2020, p. 5.

[7] KILOMBA, Grada. *Memórias da plantação*: *episódios de racismo cotidiano.* Tradução de Jess Oliveira. Rio de Janeiro: Cobogó, 2020, p. 9.

[8] OLIVEIRA, Erika Cecilia Soares. "A docência como uma performance feminista". In. *Pesquisas e Práticas Psicossociais*, v. 15, São João del-Rei, 2020, p. 5.

coloca em outro lugar, provoca desterritorializações — escrever é arriscar-se, fazer outra coisa com o vivido. Quando se escreve sua própria história ficcional, ali já se fez outra coisa com isso.

Um segredo guardado oprime, algo não dito paira no ar e o opressor, em um processo de projeção, sente continuamente o oprimido como o ameaçador. "A boca é a superfície de domesticação e, ao mesmo tempo, da resistência sexo-colonial e essa ideia se inspira nas discussões feitas por Grada Kilomba sobre a boca da escrava Anastácia"[9].

O silêncio oprime, mas não apaga as marcas de uma história, esta continua viva pelos registros bio-gráficos, com seus dizeres e significantes. Reescrever esses dizeres, trazer novos sentidos, ressignificando o que tentaram deixar esquecido e apagado, isto é recuperar a própria história de um sujeito. "Asfixiadas, cuspimos a escuridão. Lutando contra nossa própria sombra, o silêncio nos sepulta"[10].

De sua parte, Lacan coloca a questão nos seguintes termos: "mas isso, o subdesenvolvimento, não é arcaico: é produzido, como todos sabem, pelo império capitalista. Eu diria até, além disso, [...] que o subdesenvolvimento [é a] condição do seu progresso e que teremos que enfrentar um subdesenvolvimento que será cada vez mais patente, cada vez mais extenso"[11]. A psicanálise está implicada com seu tempo e é contrária ao discurso capitalista e seu gozo perverso que tenta tamponar a falta com produtos de consumo.

A psicanálise trabalha com o inconsciente e está implicada nos acontecimentos de sua época, pois isso diz respeito à

---

[9] *Idem*, p. 8.

[10] ANZALDÚA, Gloria. "Como domar uma língua selvagem". In. *Cadernos de Letras da UFF Dossiê: Difusão da língua portuguesa*, n. 39, 2009, p. 306.

[11] LACAN, Jacques. *O seminário, livro 18: De um discurso que não fosse semblante*. Trad. Vera Ribeiro. Rio de Janeiro: Jorge Zahar Ed., 2009, p. 36.

política do inconsciente, embora esta não tenha como objeto uma reparação, pois trabalha com a própria falta. Os movimentos feministas trabalham com epistemologias e objetos distintos, lutam por medidas que assegurem direitos a quem está na margem. Em uma busca pela descolonização do modelo patriarcal e racista, procuram uma reparação econômica, cultural, histórica, social e política. Em tempos de discursos de ódio, eles são dizeres que podem conversar entre si, sem um subsumir o outro, mantendo tensionamentos, diferenças e produzindo encontros nas margens destes territórios, através da escuta, das trocas entre tais dizeres. Para Gallano, referindo-se a Ginsberg, "é preciso descansar nos braços do amor ao final, não há descanso sem sonhos de amor"[12]. Desse modo, o amor como suplência à não relação sexual suporta o desencontro através de dizeres e faz laços.

O sistema patriarcal e o racismo promovem preconceitos e violências que atingem primordialmente as mulheres negras, em uma junção do patriarcalismo com o racismo. Porém, as mulheres brancas também são atingidas por essa mesma forma de controle, embora de maneiras e em momentos e situações diferentes.

Zefa, Lulu e a menina sofreram violências que foram fruto do modelo patriarcal, racista e colonialista que torna o outro puro objeto a ser explorado pelo senhor que tem o domínio sobre os corpos e dizeres do outro, alçado à condição de objeto para lhe servir. Essa violência é fruto do patriarcado, do racismo e do sistema de classe social, sendo o caldeirão da violência contra as mulheres que, uma a uma, são atingidas por esse modelo de dominação.

Durante a pandemia viu-se que os números de violência contra as mulheres aumentaram drasticamente, o que foi

---

[12] GALLANO, Carmen. *Alteridade Feminina.* Tradução: Keila Silveira, Luciana Abreu Livra; revisão: Sandra Berta. Editora Andrea Carla Deuner Brunetto, 2011, p. 17.

anunciado nas mídias. A violência, então, passa a ser colocada em atos pelo crime denominado feminicídio, que é um crime doloso contra a vida e relacionado à questão do gênero. Logo, é um crime no qual se constata que houve intenção de tirar a vida da mulher e que teve, como desfecho desse ato, a execução, o extermínio de uma mulher.

O mais traumático está no fato de, em grande parte, o agressor ser alguém próximo. Via de regra, trata-se do companheiro, do namorado ou de alguém que faz parte do convívio da pessoa que sofre o feminicídio ou ameaças e violências sexuais, físicas, psicológicas e econômicas. Em muitos casos, o feminicídio é apenas o desfecho de toda uma vivência de opressão e de um sistema ineficiente de proteção à mulher.

Lélia Gonzales discute acerca do duplo fenômeno do sexismo e do racismo como produtores de violência e influenciadores de preconceitos. Diz que, a partir do lugar onde o sujeito se coloca, ele abstrairá suas interpretações. Portanto, o dizer do sujeito é fruto do lugar de onde ele se vê e se escuta.

Essa autora se utiliza da psicanálise para explicar esses ditos enquanto linguagens estruturadas numa lógica neurótica. De Freud a Lacan, a psicanálise está em uma posição subversiva de deslocar e desterritorializar lugares, não como uma forma de reparação, mas a partir do próprio furo, do olhar dos sujeitos sobre seus avessos, fora da lógica formal, onde não se enquadra, e nisso o feminino tem muito a dizer. Lélia cita Miller em sua *Teoria d'alíngua*:

> O que começou com a descoberta de Freud foi uma outra abordagem da linguagem, uma outra abordagem da língua, cujo sentido só veio à luz com sua retomada por Lacan. Dizer mais do que sabe, não saber o que diz, dizer outra coisa que não o que se diz, falar para não dizer nada... Psicanálise e Lógica, uma se funda sobre o que a outra elimina. A análise encontra seus

> bens nas latas de lixo da lógica. Ou ainda: a análise desencadeia o que a lógica domestica.[13]

O feminino, que está do lado da não-toda — e isso se trata de uma posição subjetiva —, está mais sujeito à violência. Gallano, citando Isabelle Morin, escreve: "Toda exclusão feminiza, toda exclusão situa o excluído em posição de hétero, de Outro"[14]. Desse modo, por faltar-lhe um significante que o represente, o feminino se encontra numa posição mais próxima do real, passa pela norma fálica, mas não-toda.

Ao longo da história, as mulheres foram vistas como as sedutoras, bruxas, feiticeiras, traiçoeiras e culpadas pela agressão e pelo desejo desse outro violento. Mulheres que enfeitiçam e fazem o seu destino — como Medéia que, carregada de amor e ódio, abandonada pelo marido, perseguida por ser estrangeira, faz o que jamais se esperava de uma mulher que gera vida —, mas também mulheres que podem dar as costas e fazer o que ninguém espera. Essas mulheres pagaram caro, com torturas, estupros e todo tipo de suplício. A norma do patriarcado, anteriormente representado pela Igreja e suas Inquisições, cobrou-lhe o preço:

> A monstruosa perversão de ideias na Idade Média, que encarava a carne, na sua representante (amaldiçoada desde Eva), a mulher como a impura, a perigosa, a inimiga. Esta é vidente em certos dias; possui a asa infinita do desejo e do sonho. Para melhor contar o tempo, observa o céu. Mas a terra não está menos em seu coração.[15]

---

[13] GONZALES, Lélia. "Racismo e Sexismo na Cultura Brasileira". In. *Revista Ciências Sociais Hoje,* Anpocs, 1984, p. 225.

[14] MORIN, Isabelle *apud* GALLANO, Carmen. *Alteridade Feminina.* Tradução: Keila Silveira, Luciana Abreu Livra; revisão: Sandra Berta. Editora Andrea Carla Deuner Brunetto, 2011, p. 86.

[15] MICHELET, Jules. *A Feiticeira.* São Paulo: Aquariana, 2020, p. 9-11.

As mulheres, uma a uma, foram vistas como a outra perigosa. Essas mulheres, artistas da fala e da vida, dizem da dor do silêncio imposto, da violência de tirar o dizer do sujeito, de sepultar sua história, suas origens, e todo tipo de agressão, sendo este ato a marca de um dito sobre o dizer de um sujeito.

O feminino diz de um lugar, de uma posição, furada, sem um saber todo e carrega a força radical da alteridade. O gozo outro feminino como um gozo fora da lei, que produz uma mulher singularmente e, uma a uma, com suas possibilidades de se reinventar, com os trançados que é capaz de fazer ao longo de sua história. Uma mulher é sempre o Outro, a mulher é toda tabu. A ausência do falo, marcado como a ausência de um vazio provoca o horror e, desse horror, pode surgir uma criação única e coletiva.

Para falar do gozo feminino, um gozo suplementar, não-todo fálico, cito um trecho da música "Sonho impossível", cantada por Maria Bethânia:

> Romper a incabível prisão, voar o limite improvável. Não me importa saber se é terrível demais, quantas guerras terei que vencer por um pouco de paz e amanhã se esse chão que beijei for meu leito e perdão, vou saber que valeu delirar e morrer de paixão. E o mundo vai ver uma flor brotar do impossível chão.[16]

Na literatura e na vida vemos vários exemplos da não-toda. Antígona luta pelo direito de sepultar e conservar a memória de seu irmão. No filme *As Horas*, a personagem de Virgínia Woolf tem uma fala em que diz: "Não se pode achar a paz evitando a vida". Ela utiliza de sua escrita para suportar o insuportável, escrevendo várias obras, dentre as quais *Um teto todo seu.*

---

[16] BUARQUE, Chico e GUERRA, Ruy. "Sonho impossível". Intérprete: Maria Bethânia. In: *Chico Buarque e Maria Bethânia Ao Vivo*, 1975.

Por sua vez, Carmem Silva luta pelo direito à moradia através da ocupação urbana de imóveis. Seja na ficção ou na vida, elas se reinventam, cada uma do seu jeito, e pagam o preço dos seus desejos. Afinal de contas cada uma constrói com suas possibilidades o teto que é possível. Como canta Lula Queiroga: "cada ser tem sonhos à sua própria maneira".

Lacan avança sobro o feminino em seu gozo Outro e diz que o gozo místico, do qual nada se sabe, só se o experimenta, é mais frequente nas mulheres, "porque não se é forçado, quando se é macho, a se colocar do lado todo fálico. Pode- se também colocar-se do lado não-todo"[17]. Portanto, as mulheres estão mais próximas do real, com suas bio-grafias, grafadas no real do corpo. Contudo, "há homens que lá estão tanto quanto as mulheres"[18].

Para estar desse lado não-todo, a mulher se produz uma a uma, não há "A" mulher. No seminário 21, Lacan fala que "A mulher não existe". Mas uma mulher, isso se pode produzir, quando há nó, ou melhor trança"[19]. É por isso mesmo que ela segue sendo uma mulher entre outras, pois é definida pela trança que se é capaz. É por esse trançado que uma mulher pinta e borda com o gozo Outro, aberto, não-todo fálico, meio louco, mas não-todo, que faz arte. Tem algo mais subversivo que esse gozo Outro que está não-todo na lei, pois há algo que escapa?

Quem não tem forja, inventa, representa, cria poesias, ficções, tragédias e comédias, sendo estes instrumentos imprescindíveis para suportar o impossível do real, do furo da não-relação. Isso é estar em uma posição mais feminina, onde está comportado um gozo suplementar. A escrita, com suas ranhuras e sulcos, provoca uma inscrição, circunscreve, circunda algo desse real

---

[17] LACAN, Jacques. *O seminário, livro 20: Mais, ainda.* Trad. M.D. Magno. Rio de Janeiro: Jorge Zahar Ed., 2008, p. 81.

[18] *Idem,* p. 82.

[19] LACAN, Jacques. *Os não-tolos erram/Os nomes do pai.* Inédito.

impossível de ser dito, pois, como diz Lacan em *R.S.I.*: "Não há tecido que não seja tecido"[20].

A Mulher não existe. Ela se reinventa uma a uma, ex-siste. Com seu gozo Outro, delira, morre de paixão e inventa suas saídas: canta, escreve, ama, odeia, pinta e borda, representando cada uma um papel no teatro da vida sobre o que é ser uma mulher.

Quando não puder mais falar, quando me sentir amordaçada, sem que a fala possa intermediar um auxílio, uma possibilidade de suporte, nessas horas que não há a fala, o que resta é uma escrita que provoque alguma inscrição, o registro de uma marca que vai além da fala, além do falo, pois não sou toda fala, há algo para além, indecifrável e só a escrita pode fazer algum enlace para esse lado não-toda falo, uma parte desse outro gozo, que é loucura, devaneio, é um gozo Outro. Gozo do amordaçado — ou seria amor laçado?

Freud, inaugurou a palavra como instrumento de cura e fez da fala e da escuta um tratamento. Dessa forma, subverteu o discurso do mestre que subjuga o sujeito a um saber que vem do Outro, um mestre. As mulheres chamadas de loucas passam a ter vozes ouvidas, avançando adiante da moralidade de sua época, com outra abordagem da linguagem.

O analista é aquele que vai articular o universal à singularidade e a psicanálise deve estar implicada aos acontecimentos de sua época, não recuar diante do discurso de ódio, no qual a palavra não vem em suporte ao mal-estar, ao desencontro da não-relação. Isso diz respeito à política do inconsciente: uma de-formação. Aí está sua subversão, que enlaça o sujeito ao coletivo.

[20] LACAN, Jacques. *R.S.I.* Inédito.

A MULHER NUA: UM NÃO ACONTECIMENTO NECESSÁRIO PARA A CONSTITUIÇÃO DE UMA HUMANIDADE POSSÍVEL

Lígia Burton Ferreira[1]

Apesar do que as pessoas pensam, depois que a gente morre não passamos a saber tudo, apenas não sabemos de uma outra forma [...] ela deu um suspiro e disse, no fundo, trata-se da velha frase, Gnōthi seauton, eu continuei sem entender, insisti, é o problema do livre-arbítrio, gostamos de imaginar que somos livres, completamente livres, mas isso não passa de ilusão, somos a herança gravada nas palavras de nossos ancestrais, pensamos num bicho qualquer, disse a avó, disse a capivara, um tamanduá, por exemplo, um tamanduá é um tamanduá e continuará sendo um tamanduá, assim como seus filhos e seus netos e seus bisnetos [...] a não ser que, por algum motivo, quase sempre mero acaso, o tamanduá consiga reconhecer a narrativa que faz dele tamanduá, decifrá-la, e reencontrar a antiga conexão, ou seja, fazer a travessia, que é o momento em que ele pode se aproximar da sua essência original,

[1] Lígia Burton Ferreira possui graduação em Psicologia pela PUCRS. Mestre em Psicologia pela UFMS. Especialista em psicanálise com crianças e adolescentes pela PUC-MG. Atua com crianças, adolescentes e adultos com enfoque psicanalítico. Membro do Ágora Instituto Lacaniano e do Coletivo Nós Terapia. Contato: ligiaburton@gmail.com

que é irrecuperável, pois não é feita de palavras, se desvincular da sua herança de tamanduá e assumir a forma de outro bicho.

CAROLA SAAVEDRA[2]

A partir desse excerto literário, e considerando o contexto social e cultural contemporâneo, algumas perguntas emergem. O que a psicanálise sabe sobre a mulher? O que as mulheres sabem sobre a psicanálise? Quais mulheres sabem? Quantas e quais são as mulheres decisivas para a construção do saber psicanalítico? Quais são as mulheres ausentes da psicanálise? Quem pode falar sobre a mulher? Como reconhecer a mulher? O que é ser mulher? Por fim, A mulher existe?

Cabe, inicialmente, antes de quaisquer tentativas de responder a tantas e tão ambiciosas perguntas, a descrição breve de um não acontecimento ocorrido no dia 8 de abril de 2005, na Neue Nationalgalerie, em Berlim, narrado por Giorgio Agamben em seu livro *Nudez*. Na ocasião deu-se a performance de Vanessa Beecroft, composta por cem mulheres nuas (em realidade, vestiam *collants* transparentes), em pé, imóveis, indiferentes, expostas aos olhares dos visitantes que, após terem esperado em uma longa fila, entravam em grupos na sala ampla localizada no térreo do museu. Segundo o autor, a primeira impressão de quem experimentava observar não apenas as mulheres, mas também os visitantes — que, tímidos e, ao mesmo tempo, curiosos, começavam a olhar de canto do olho para aqueles corpos que, no fim das contas, estavam ali para serem vistos, e depois de terem dado voltas em torno deles, como se estivesse fazendo uma espécie de reconhecimento pelas fileiras quase militarmente hostis das nuas, afastavam-se embaraçados — era

[2] SAAVEDRA, Carola. *Com armas sonolentas: Um romance de formação*. São Paulo: Companhia das Letras, 2018, p. 250.

a de um não-lugar. Algo que poderia e, talvez, deveria ter acontecido não havia tido lugar[3].

Para Agamben, o não acontecimento era a própria nudez feminina, discutida por ele em um arcabouço teológico cristão, tradicional da cultura ocidental. Diferentemente, nossa abordagem privilegia este não acontecimento para estabelecer, desde logo, a dificuldade do tema abordado neste capítulo, o que traz maus presságios para quem ousar responder as perguntas elencadas acima. Tendo ciência do risco a ser assumido, tentaremos, se não responder, pelo menos problematizar tais temas.

Quando a tarefa exige de nós mais do que nos sentimos capazes, por alguma razão insondável, a tentação de começar pelo fim irrompe na mente e na imaginação, o que provavelmente, representa uma estratégia típica de sobrevivência. Nesse sentido, a tentativa não é dar resposta imediata ao que é ser mulher, nem se ela existe, mas compreender o que um sujeito pode tornar-se, eventualmente, sendo também uma mulher[4]. Na obra de 2018 citada no primeiro excerto, *Com armas sonolentas*, de Carola Saavedra, o enredo transita entre os desejos de cada mulher de querer ser reconhecida em sua existência e os silenciamentos impostos de vários modos pelas normas vigentes.

Neste ponto, a leitura crítica que Lacan fez da teoria freudiana sobre as características da mulher estabelece que não existe ser que anteceda a linguagem, a ordem social e suas formações no tempo, o que equivale a colocar o conceito no contexto da história. Desta forma, para o autor, o sujeito é, por definição, um ser de cultura, constituído pelas dimensões histórica e simbólica antecedentes. Kehl, propõe reler criticamente a ideia lacaniana

---

[3] AGAMBEN, Giorgio. *Nudez*. Trad. Davi Carneiro Pessoa. Belo Horizonte: Autêntica Editora, 2015, p. 115.

[4] KEHL, Maria Rita. *Deslocamentos do feminino: a mulher freudiana na passagem para a modernidade*. São Paulo: Boitempo, 2016, p. 218.

da inexistência da mulher para o inconsciente, que provavelmente não se limita à impossibilidade de simbolizar a ausência de um pênis na imagem e no real do corpo feminino. Para ela, Lacan está longe de dizer que "A mulher" não existe e que, o aparente paradoxo pode ser entendido como uma formulação para evidenciar a ilusão de nossa crença na certeza da existência d'O homem, como categoria universal abstrata, fundada em outra ilusão compartilhada entre todos os homens, qual seja a da existência de uma identidade comum, sintetizada pelo significante fálico[5]. Por essa via, o aforismo lacaniano aponta apenas para a inexistência de uma identidade feminina, para a falta de um significante único que agruparia inquestionavelmente todas as mulheres sob sua barra. Ainda, o único significante reconhecido pelo inconsciente é a mãe, que não corresponde a A mulher; antes representa algo completo, assexuado, anterior a castração que estabelece a diferença sexual.

A psicanálise talvez tenha se tornado o último dos discursos modernos a atribuir um lugar à mulher, o que pode significar que ainda se tenta criar um significante para fazer existir A mulher. A cada vez que o pensamento psicanalítico tenta se esquecer de que a única diferença entre um homem e uma mulher é que a mulher é também mulher, ou designa para as mulheres a posição de se fazer objeto *a* para o desejo masculino, está tentando esquecer que "não existe relação sexual"[6]. Se pensarmos a mulher pós-freudiana como um sujeito de discurso, não existe a necessidade de um significante para designar o conjunto de mulheres, pois o significante para O homem não é o pênis, mas o verbo. Se o discurso não for uno e completo, é possível que a mulher maneje também o falo da fala, criando, nele, lugar para a diversidade e singularidade.

---

[5] *Idem,* p. 209.
[6] *Idem,* p. 217.

Coerentes com o caminho adotado, de trás para frente (indiferentes à história), podemos realçar o discurso freudiano sobre as características da mulher — seu narcisismo, predomínio da afetividade sobre o julgamento, infantilidade, baixos interesses culturais — predominantes em todo o período moderno, com os quais as mulheres vêm sofrendo até os dias atuais. Segundo Kehl, o mistério da mulher, em Freud, não residia apenas na alteridade absoluta, mas na sua extrema proximidade com o homem[7]. Uma mulher é um semelhante para um homem, seu igual, que se constitui, a partir do narcisismo das pequenas diferenças, em uma espécie de cegueira a seu respeito. Trazer à luz esse discurso, certamente, não representa jogar a culpa no autor, visto que, apesar de reduzir as mulheres, em muitos momentos, as categorias essencialistas e cientificistas, Freud escutou sistematicamente as vozes femininas que até então estavam totalmente silenciadas, possibilitando que expressassem seus sintomas e, fundamentalmente, seus desejos.

Não sabemos se o leitor já percebeu, mas este último parágrafo saltou para a primeira pergunta, o que reafirma a dificuldade do tema, não sendo raro, desvios involuntários (inconscientes?) de rota. Aqui, cabe uma associação com a performance descrita no segundo excerto, que revela a dificuldade evidente que temos em lidar com mulheres que, para além de serem meros objetos, assumem a posição, em tudo incomoda, de sujeitos de desejo, caracterizada pelo embaraço dos homens vestidos diante dos corpos femininos nus. Não parece exagero, tratar desta dificuldade, como uma antítese do natural, visto que diante do corpo feminino nu, o olhar masculino expressa nítida impotência. Por que tamanha dificuldade com o corpo feminino capaz de olhar? Neste ponto, é clara a correlação com a dificuldade de reconhecer

---

[7] *Idem*, p. 216.

a mulher, máscara insondável, personagem transgressora para muitos, e, por muito tempo, parcialmente silenciada e subjugada.

Conforme pontua Agamben, uma identidade sem pessoa é caracterizada por um reconhecimento reduzido às características biológicas dos indivíduos, nomeada como vida nua[8]. Esse processo é semelhante ao que se fazia com os criminosos no século XIX, atualmente estendidos a todos os seres humanos, o que, em particular, agrava o sofrimento feminino, de sujeitos que nunca gozaram de reconhecimento social igualitário. Para ele, esta forma de reconhecimento, estabelece uma ilusão de que prescindimos de reconhecimento afetivo obtido a partir de nossas relações sociais, substituído por um reconhecimento maquínico, aparentemente neutro, advindo de algoritmos digitais ou por meio de *scanners* ópticos. Assim, somos identificados, porém o que se reconhece é apenas o indivíduo, com o objetivo de controlá-lo e responsabilizá-lo, sem, no entanto, considerá-lo como pessoa humana.

Para superar a armadilha de saltar de um reconhecimento social marcado por imposições masculinas — em tudo limitadas, injustas e violentas — para uma forma social de uma mera identificação genérica e biologicista, como a referida por Agamben, é preciso que as mulheres falem, escrevam, olhem, desejem, lutem, vençam, não uma vitória sobre alguém, mas uma vitória sobre a impossibilidade de representarem a si mesmas como puderem, a partir de suas vivências, o que implica inconsciência e lucidez.

A dificuldade expressada por Agamben significa um entrave de nossa cultura em reconhecer a própria natureza que nos constitui. Desta forma, nunca estamos nus, o que culmina com o encobrimento da verdade do humano. É assim que a possibilidade

---

[8] AGAMBEN, Giorgio. *Nudez*. Trad. Davi Carneiro Pessoa. Belo Horizonte: Autêntica Editora, 2015, p. 84.

do reconhecimento das mulheres terá o poder de reconhecer a todos os seres humanos, independentemente de seus predicados, sintetizando a antítese homem e natureza, até hoje persistente em nossa tradição. Dito de outro modo, ao reconhecer todas as características que podem fazer parte do ser mulher, inclusive a nudez, visto que esta representa um dos polos da antítese citada (a natureza), a síntese poderá se estabelecer, qual seja: a cultura, enfim, reconheceu a sua origem, sempre reconstituída e sempre inacabada, tal como qualquer mulher (ser humano).

Como referido em parte do primeiro excerto, em que é estabelecida a impossibilidade de apropriação de uma essência do humano, retomamos o conceito de origem de Walter Benjamin, o qual em nada se assemelha ao de gênese, sendo antes uma irrupção da linha do tempo, recortes da historiografia dita linear.

> Apesar de ser uma categoria plenamente histórica, a origem (*Ursprung*) não tem nada em comum com a gênese (*Entstehung*). "Origem" não designa o processo de devir de algo que nasceu, mas antes aquilo que emerge do processo de devir e desaparecer. A origem insere-se no fluxo do devir como um redemoinho que arrasta no seu movimento o material produzido no processo de gênese. O que é próprio da origem nunca se dá a ver no plano do factual, cru e manifesto. O seu ritmo só se revela a um ponto de vista duplo, que o reconhece, por um lado como restauração e reconstituição, e por outro como algo de incompleto e inacabado... A origem, portanto, não se destaca dos dados factuais, mas tem a ver com a sua pré e pós história. Na dialética inerente à origem encontra a observação filosófica o registro das suas linhas-mestras.[9]

---

[9] BENJAMIN, Walter. *Origem do Drama Trágico Alemão*. Trad. João Barrento. Belo Horizonte: Autêntica Editora, 2013, p. 34.

Na trama de Saavedra, não é possível distinguir os elementos oníricos dos da vigília, fazendo com que enganos, ausências, promessas, violências e abandonos transcorram simultaneamente aos devaneios, sonhos, desejos e fantasmas. Face às privações do universo instituído, a impotência das três personagens revela a potência de algo de si mesmas que era passível de saber. Não ser é a arma para resistir à invisibilidade do eu produzida pelo outro. Ou seja, o próprio processo de apagamento daquilo que as torna humanas/mulheres/pessoas/sujeitas leva cada uma aos significados que indicam o caminho do desvelamento de si mesmas. O conflito com o mundo exterior vivido pelas personagens é apenas um dos elementos no percurso que abrange a busca existencial, cuja formulação, sempre em devir, realiza-se no vai e vem entre as esferas interior/exterior e, sobretudo, no limiar desses universos.

Até aqui, abordamos quatro das nove questões que abriram este capítulo, o que nos obriga a continuar, pois temos consciência de que o problema fundamental não é meramente teórico, sendo, inicialmente, um problema verdadeiramente social, pois a maioria das mulheres está alheia às teorias que discorrem sobre elas, o que representa, em si, uma denúncia da insuficiência de tudo o que já foi tentado. Desta maneira, é possível afirmar, simplesmente, que muitas mulheres pouco sabem sobre o que a psicanálise tem a dizer sobre o tema. O que parece dificuldade, até mesmo impossibilidade, pode ser entendido, de outro modo, como abertura de uma ampla gama de possiblidades para o campo psicanalítico, que pode e deve aumentar a escuta de qualquer mulher, com qualquer identidade socialmente estabelecida, o que irrigará o campo teórico da disciplina. Para isto, iniciativas decisivas devem ser buscadas, sendo permitido, inclusive, inovações nas práticas clínicas, considerando as mudanças em curso nos vários contextos socioculturais, sejam elas dominantes ou não.

A contribuição feminina para o campo psicanalítico tem se dado de maneira constante desde seu advento. Porém, entendemos que ela está muito aquém do desejado, fato perfeitamente demonstrado por análises estatísticas simples, visto que pouco mais da metade da humanidade é constituída por mulheres, ao passo que, no campo psicanalítico, predominam largamente os homens. Entre todas as mulheres que nós acreditamos poderem falar sobre psicanálise, trazemos a contribuição da autora Grada Kilomba, para reiterar a necessidade de que as mulheres escrevam e falem sobre si mesmas, deixando o lugar de objeto e assumindo a posição de sujeito, ou melhor, de sujeita. "Eu sou quem descreve minha própria história, e não quem é descrevida. Escrever, portanto, emerge como um ato político"[10]. Por essas veredas, retomamos a importância do conceito de castração no Outro, na teoria lacaniana, apontada por Kehl, para chamar atenção ao fato de que a ordem simbólica é aberta e permeável às intervenções significantes dos sujeitos[11]. É possível fazer um furo na linguagem. O modo como cada sujeito se singulariza e se manifesta, pelo uso da língua, ao longo da vida, produz alterações no campo simbólico que serão significativas para os que virão depois dele.

A psicanálise, desde os primórdios, gerou profundas modificações culturais, pois mesmo que para Freud fosse impensável que a condição das mulheres no Ocidente pudesse sofrer mudanças e, com isso, abalar os fundamentos da "natureza feminina", a psicanálise foi uma das responsáveis por essa transformação. Nosso intuito foi ir além de ver essa teoria como ultrapassada ou detentora da verdade sobre o feminino, mas reconhecê-la

---

[10] KILOMBA, Grada. *Memórias de Plantação: Episódios de racismo cotidiano*. Trad. Jess Oliveira. Rio de Janeiro: Cobogó, 2019, p. 28.

[11] KEHL, Maria Rita. *Deslocamentos do feminino: a mulher freudiana na passagem para a modernidade*. São Paulo: Boitempo, 2016, p. 211.

como plástica o suficiente para acompanhar e compreender as mudanças sofridas pelos sujeitos à medida que muda a sociedade em que vivemos. "Os sujeitos se ressignificam, os homens e mulheres se deslocam dos seus lugares que ocupavam em certo discurso, os desdobramentos metafóricos do falo circulam"[12]. A psicanálise nasceu para escutar e ecoar vozes emergentes, podendo reconhecer o humano que existe por trás de cada voz, não para corroborar a tradição.

Maior que qualquer pretensão teórica, quero reforçar minha crença de que foram e serão as mulheres que farão as transformações e sínteses necessárias para emancipar e redimir o ser humano dessa contradição apenas aparente entre natureza e cultura, contradição que nos faz incapazes de fitar a nudez feminina sem embaraço.

> [...] a não ser que, por algum motivo, quase sempre mero acaso, o tamanduá consiga reconhecer a narrativa que faz dele tamanduá, decifrá-la, e reencontrar a antiga conexão, ou seja, fazer a travessia, que é o momento em que ele pode se aproximar da sua essência original, que é irrecuperável, pois não é feita de palavras, se desvincular da sua herança de tamanduá e assumir a forma de outro bicho [...] *ser até mesmo, veja bem, outro tamanduá.*[13]

---

[12] *Idem*, p. 211.

[13] SAAVEDRA, Carola. *Com armas sonolentas: Um romance de formação.* São Paulo: Companhia das Letras, 2018, p. 250.

A LINGUAGEM DO AMOR

Mariana Mendes Bonato[1]

Estou aqui, em frente ao meu computador, há dias pensando em como iniciar este texto e me parece impossível pensar em outra forma que não fazendo um pequeno resumo sobre esta obra, que a meu ver, é tão rica. Trata-se do romance *E o vento levou*. Assim, já peço licença a você, leitor, para falarmos um pouco sobre a história desta obra antes de entrarmos na parte teórica.

E o vento levou foi escrito pela romancista norte-americana Margaret Munnerlyn Mitchell durante os dez primeiros anos de seu segundo casamento. O livro foi publicado no dia 30 de junho de 1936. Antes mesmo da publicação do livro, a escritora já havia vendido ao produtor David Selznick os direitos para a adaptação cinematográfica. O filme foi lançado em 15 de dezembro de 1939 sob o slogan de "o maior filme de todos os tempos".

E o vento levou foi a única obra escrita por Mitchell, que ganhou os prêmios Pulitzer e National Book Award no ano seguinte ao lançamento. Com todas as homenagens e prêmios que recebeu pelo seu livro, Margaret se torna uma celebridade. Após a estreia mundial do filme, a autora resolveu se esconder dos holofotes e retornar a Atlanta, sua cidade natal, retomando a tranquilidade de sua vida antiga. Foi lá que faleceu, em 16 de

[1] Psicanalista e Psicóloga. Membro do Ágora Instituto Lacaniano. Pós-graduada em Psicanálise e Clínica Lacaniana. Contato: maribonato@hotmail.com

agosto de 1949, aos 48 anos de idade, em decorrência de ferimentos sofridos em um acidente automobilístico.

A história escrita por Margaret se passa a partir do ano de 1861, na cidade de Atlanta no estado da Geórgia, localizada na região sul dos Estados Unidos que, nesse momento, estão as vésperas da guerra civil, também conhecida como guerra da Secessão, que aboliu a escravidão no país. Os costumes da época, os locais onde a história acontece e a experiências vividas pelos personagens são descritos com muita riqueza de detalhes, por meio de uma escrita descomplicada que aborda principalmente o sofrimento e a luta do lado derrotado da guerra, mostrando os hábitos e o estilo de vida de uma sociedade que foram levados pelo vento.

O livro nos conta a história de Scarlett O'Hara, uma jovem de temperamento forte, vaidosa, obstinada, impulsiva e egocêntrica. Considerada uma das beldades da região, orgulhava-se de sua beleza e seu passatempo preferido era flertar com os rapazes e tê-los aos seus pés, para então, provocar as demais garotas da região.

Scarlett mora em Tara, fazenda que seu pai, imigrante irlandês, conquistou por meio de um jogo de pôquer. Ele havia chegado aos EUA sem nada e, após ganhar a terra, virou produtor de algodão e dono de escravos. No início da trama, Scarlett é apaixonada pelo jovem Ashley Wilkes, que está prometido em casamento para a prima Melanie Hamilton. O noivado do casal é anunciado nos primeiros capítulos do livro, em um churrasco na fazenda da família noivo, no qual Scarlett conhece Rhett Butler, com quem acaba se envolvendo e se apaixonando.

A história é cheia de encontros e desencontros amorosos vividos pela protagonista que, por acreditar estar apaixonada por Ashley, acaba por fazer de tudo para ficar próxima do rapaz, até mesmo casar-se com Charles Hamilton, irmão de Melanie. Ashley e Charles vão para a guerra junto dos outros jovens da cidade e, dois meses depois, Charles morre sem sequer ter chegado ao campo de batalha, motivo de vergonha para Scarlett.

Ashley ficou anos longe de casa lutando na guerra, anos de angústia para Scarlett pois eram longos os períodos sem notícias e o que restava era a dúvida se ele estava vivo ou morto.

Após o nascimento do primeiro filho de Scarlett, fruto de seu casamento com Charles Hamilton, ela se muda para Atlanta e passa a morar com Melanie e a tia Pittypat Hamilton, ocupando-se de ajudar a cuidar dos soldados hospitalizados e de reuniões de costura para dobrar as ataduras que eram utilizadas nos hospitais. Scarlett participava destas atividades por obrigação. Diferenciava-se das outras mulheres sulistas, patriotas, que acreditavam na causa e nos seus bravos soldados. Scarlett achava tolice pensar desta forma, não ligava para a causa, entediava-se das longas conversas sobre a guerra, mas sabia que não podia demonstrar o que realmente sentia. Por isso, escondia da sociedade o que pensava e quais eram seus reais desejos.

Somente Rhett não se enganava com seus fingimentos. Ele conseguia ver quem ela realmente era: uma garota mimada que só se importava com seus desejos. Rhett era conhecido pela sociedade sulista como o escandaloso patife de Charleston, era atravessador e visto com maus olhos pelos sulistas que acreditavam na causa por ter se aproveitado da guerra para fazer fortuna.

Rhett ficava meses fora de Atlanta cuidando de seus negócios e quando estava na cidade visitava Scarlett, tia Pittypat e Melanie, sempre levando presentes para que sua presença não fosse recusada por tia Pitty. Por mais que tentasse, Rhett não conseguia ficar muito tempo longe de Scarlett e sempre encontrava um pretexto para visitá-la. Sentia-se completamente atraído por esta mulher indomável.

Scarlett sabia de seus encantos. Orgulhosa e vaidosa usava de vários artifícios para encantar os rapazes que conhecia, e conquistar vários namorados. Nas roupas e nos sorrisos, ela fazia semblante e encantava a todos, era a sua diversão favorita. Só Rhett não se enganava por seus truques. Ele conhecia o jogo da jovem e, sempre que tinha a oportunidade, a desmascarava em suas conversas particulares com a moça, dizendo para que não o tratasse como aos outros pois sabia quais eram suas reais intenções. Rhett sempre conseguia deixá-la furiosa, mas também encantada com a maneira como ele a percebia.

Ao longo da trama, Scarlett se põe a esperar por Ashley e por várias vezes chega a desejar a morte de Melanie para que então pudesse se casar com ele. Ao longo do tempo que mora com Melanie, ela tem informações sobre Ashley e nunca consegue compreender por que ele permanece casado. Scarlett acredita que Ashley a ama e acredita que um dia irão se casar.

Melanie é descrita como uma mulher pequena, de fisionomia frágil, assemelhando-se a uma criança. O nascimento de seu primeiro filho com Ashley a deixa à beira da morte, foi um parto difícil e demorado e o médico adverte que Melanie não sobreviverá a um outro parto. Ao saber disso, Scarlett se pergunta: o que faz Ashley permanecer casado com Melanie? O que ele deseja nela?

Para Serge André, em seu livro *O que quer uma mulher?*, "Se a histérica 'se faz de homem', como afirmava Lacan, é na medida em que tenta cercar a feminilidade à maneira masculina, elevando-a ao nível de mistério escondido no furo do corpo. De onde decorre, certamente uma concepção propriamente histérica do corpo feminino"[2]. Scarlett deseja o segredo da feminilidade ao fazer este questionamento — é de seu lugar de histérica, que ela se pergunta sobre o que aquele homem (Ashley) vê em outra mulher (Melanie).

A resposta a este questionamento de Scarlett já havia sido dada por Ashley no dia de seu noivado. Quando Scarlett se declara para ele na biblioteca da família, Ashley afirma que a ama após ela insistir em querer saber de seu desejo, mas alega

---

[2] ANDRÉ, Serge. *O que quer uma mulher?* Rio de Janeiro: Jorge Zahar Ed., 1987, p. 139.

que se casará com Melanie mesmo nutrindo sentimentos por Scarlett e explica: "ela é como eu: parte do meu sangue. E nos compreendemos um ao outro. Scarlett! Scarlett! Que palavras ei de empregar para fazê-la compreender que só se pode haver harmonia e paz num casamento quando há afinidades entre os dois?"[3]. Ashley deixa claro nesta passagem que não é só o amor que importa para ele, sendo a afinidade um fator que pesa em sua decisão. E ele sabe que não tem afinidades com Scarlett, que ela não o compreende como Melanie.

O feminino é este vazio: falta algo que lhe diga o que é ser mulher, falta o falo. É este vazio de significante que Scarlett tenta preencher ao fazer estes questionamentos? Sabemos que o feminino é o momento do encontro com o vazio. Será que Scarlett tem este encontro? Seria este encontro com o vazio o momento em que Ashley se declara fraco e fala de sua falta? Este é o momento em que se torna mulher? Ou este encontro com o vazio é o momento em que ela se percebe sozinha, após a morte de Melanie?

Com a morte de Melanie a personagem percebe que perdeu todos os que realmente amou. Em suas palavras:

> Havia meia hora apenas que pensara ter perdido tudo quanto possuía no mundo, menos a fortuna. Tudo quanto tornava a vida desejável: Ellen, Gerald, Bonnie, a Bá, Melanie e Ashley. Precisou perder todos eles para sentir que era a Rhett que ela realmente amava... amava-o porque era forte e sem preconceitos, apaixonado e realista, como ela mesma [...].[4]

Em seu leito de morte Melanie pede para que Scarlett seja boa para Rhett, pois ele a ama. É neste momento que Scarlett

---

[3] MITCHELL, Margaret. *E o vento levou.* Edição integral. São Paulo: Círculo do livro S.A, 1984, p. 116.

[4] *Idem,* p. 947.

descobre que o ama, não lembra exatamente desde quando mas sabe que é um sentimento antigo. Scarlett acreditou por anos que amava Ashley, foi em busca da realização deste amor e lutou por ele como pôde. Foi por acreditar no seu amor por Ashley que ela se cegou para o amor de Rhett e para a amizade de Melanie. Ela percebia que se sentia atraída por Rhett, além de sentir-se segura e compreendida por ele como não era por mais ninguém, mas, ao mesmo tempo, ignorava tais percepções e voltava seu pensamento para Ashley.

Porém é apenas por meio da fala de Melanie que Scarlett se dá conta de seus sentimentos. Pela fala desta mulher, não de qualquer mulher. A mulher que esteve ao seu lado nos momentos mais difíceis da vida, a única que a amava e respeitava, uma verdadeira amiga e dama. Melanie ocupa o lugar da outra mulher na vida de Scarlett, assim como a Senhora K. era a outra mulher para Dora. No caso Dora, a senhora K. é a Dama ao passo que, para Scarlett, a Dama era a sua mãe e, depois, Melanie. É Melanie, esta mulher, esta dama, que faz com que Scarlett descubra o amor que sente por Rhett.

Este é o momento em que cai a fantasia de seu amor por Ashley

> Esse amor nunca existiu senão em minha imaginação. Eu amei apenas uma coisa que construí e que está tão morta quanto Melanie. Eu vesti essa ficção com lindas roupas e apaixonei-me por ela. Quando Ashley surgiu, montado a cavalo, tão formoso, tão diferente, eu o vesti com as roupas da minha fantasia e obriguei-o a usá-las, assentassem-lhe bem ou não. Nunca quis ver quem ele era na realidade. Continuei a amar as lindas vestes..., mas não a ele [...].[5]

[5] *Idem,* p. 941.

O momento da morte de Melanie, o momento em que cai a fantasia de Ashley, o momento em que Scarlett descobre o quanto ama Rhett, é também aquele em que percebe que talvez ele não esteja mais disponível para ela. Ainda assim, ela enche o coração de esperanças e vai encontrá-lo para declarar seu amor.

Durante toda a obra é possível observar Scarlett em permanente busca do objeto perdido. A busca por estes homens/objetos perdidos seria uma repetição ao complexo de Édipo não resolvido na personagem? O desejo pelo pai, que é o homem de sua mãe, a única mulher que Scarlett respeitava e admirava, aos seus olhos sua mãe era uma verdadeira dama... Seria seu amor por Ashley uma repetição deste triangulo amoroso? Pois, na visão de Rhett, Melanie é uma verdadeira dama, a única dama que ele conheceu. É com Melanie que Scarlett fica por anos lutando para ter o amor de Ashley.

Scarlett não era uma dama. Rhett o sabia muito bem, e a admirava por isso. Scarlett ia em busca de seu desejo, lutava pelo que acreditava e desejava. Seria ela então a verdadeira Mulher? Lacan nos diz em *R.S.I.*: "se eu devesse localizar em algum lugar a ideia de liberdade, seria evidentemente numa mulher que eu a encarnaria. Uma mulher, não forçosamente qualquer uma, já que elas são não-todas e qualquer uma desliza para toda"[6]. Lacan nos mostra nesta passagem que as mulheres não são ligadas no universal, elas são uma há uma e, portanto, mais livres. Seria Scarlett um exemplo desta liberdade da mulher? Da liberdade de ir em busca de seus desejos mesmo quando se percebe ter estado cega diante dele? Para mim este é o feminino em Scarlett, é esta busca pelo desejo, o não desistir de realizá-lo.

Para expressar a força e determinação pela realização de seu desejo, encerro meu trabalho com a última passagem do livro pois mostra a determinação dela na realização de seu desejo:

---

[6] LACAN, Jacques. *Seminário 22: R.S.I.* Inédito.

Com o espírito da sua raça que, mesmo diante da derrota, não a reconhece, Scarlett levantou a cabeça. Havia de reconquistar Rhett. Tinha a certeza absoluta disso. "Amanhã, em Tara, hei de pensar em tudo isso. Então terei mais forças. Amanhã pensarei no meio de o fazer voltar. E além disso, amanhã é outro dia."[7]

[7] MITCHELL, Margaret. *E o vento levou*. Edição integral. São Paulo: Círculo do livro S.A, 1984, p. 960.

DEVASTAÇÕES E ASFIXIAS: VIOLETTE LEDUC

ELISABETH DA ROCHA MIRANDA[1]

A feiura é o pecado mortal de uma mulher.
Se ela é bela é olhada na rua por sua beleza,
se é feia é olhada na rua por sua feiura.

VIOLETTE LEDUC

Violette Leduc romancista francesa, infelizmente pouco conhecida no Brasil, publicou em 1955 um romance com o título *Ravages*, cunhando assim o termo *ravages* para definir sua relação com a própria mãe. Autora de obra autobiográfica, é movida em sua escrita pela necessidade imperiosa de dar um destino à dor de existir que avassalou sua vida. Seus livros gritam histórias desesperadas que revelam a mais pura solidão e também a busca por um lugar no desejo do outro, ou ainda, a imensa fome de amor. Seus textos trazem repetidas vezes a mesma frase: "estou

[1] Psicanalista. Analista Membro de Escola (AME) da Escola de Psicanálise dos Fóruns do Campo Lacaniano – Fórum Rio de Janeiro. Mestre e Doutora pelo Programa de Pós-Graduação em Psicanálise da Universidade do Estado do Rio de Janeiro. Em sua trajetória profissional, desenvolveu importante trabalho clínico, sobretudo em relação à debilidade mental, em diversas instituições de saúde e educação no Rio de Janeiro, entre as quais o Instituto Helena Antipoff, a Secretaria Municipal de Saúde, o Hospital Municipal Jesus e o Hospital Lourenço Jorge. Contato: bethrm@uol.com.br

só, sempre só, todos me abandonam". Publicou dez romances dos quais apenas dois foram traduzidos para o português: Tereza e Izabel (1954)[2] e A Bastarda (1964)[3].

Violette nasceu no início do século XX em Arras, França, fruto de um romance extraconjugal entre sua mãe e um rico jovem francês que não reconheceu a paternidade da filha. Estamos em 1907, época em que o destino possível para as mulheres era o lar, casamento e filhos. Violette carregou por toda a vida o estigma de bastarda. Em uma passagem de sua vida, ela ouve o escritor Jean Genet e o perfumista D'Orsay afirmarem que também são bastardos, o que a deixa estupefata. "Bastardo e rico? E homens respeitáveis?" questiona, deixando entender o que para ela era evidente pois, como bastarda, estava fadada à escória do mundo.

Filha de uma mulher que não a desejou e que não se perdoou por aquilo que, na época, era considerado um mau passo, Violette era a marca viva da desonra de uma mãe que encarnava a lei moral de forma caprichosa, absurda e extremamente rígida. Vive asfixiada por ser, em suas palavras, "privada do oxigênio do amor materno".

Durante a guerra, ganhava dinheiro no mercado paralelo e como ladra, tendo sido presa algumas vezes. Com o nome de Madame *Debaralle*, sobrevive à miséria da guerra, não sem o escárnio por parte da mãe.

Vagando pelas ruas de uma cidade destruída, vivia em meio a escritores iniciantes e outros fracassados. Todos, porém, lhe diziam: "escreva". Maurice Sachs (1906-1945) foi o primeiro. Os dois se fazem passar por recém-casados e fogem de Paris para o interior. Violette lhe cobra amor, carinho e sexo. Irritado com

[2] LEDUC, Violette. *Teresa e Isabel.* Lisboa: Livros do Brasil, 2001.

[3] LEDUC, Violette. *A bastarda.* Trad. Marília Garcia. Rio de Janeiro: Bazar do tempo, 2022.

as exigências por parte da amiga (a ele interessam os homens), Sachs lhe diz: "vá para debaixo de uma macieira, faça um sexo gostoso e cuspa no papel tudo o que te faz tão insuportável. Todos ficaremos melhor inclusive você"[4].

Violette o acusa de ser como a mãe, egoísta, perverso, manipulador, um monstro, mas, tal como sempre fez com a mãe, ela o obedece e passa a escrever:

> minha mãe nunca me deu a mão, me ajudava a subir e descer as calçadas beliscando por cima da roupa onde se alcança a parte de ser mulher. Ela beliscava mais e mais e eu parecia um frango suspenso pela asa. Entenda, eu era só um serviçal. Ficava moloide, imóvel, ela via as lágrimas e apertava mais e mais me esmagando e dizendo: quer ser atropelada?[5]

É com esse parágrafo que se inicia o livro *Asfixia* que suscita da mãe da autora o seguinte comentário: é tão gay quanto o título.

No texto "O aturdito", Lacan nos diz que o complexo de Édipo freudiano "contrasta dolorosamente com a realidade de devastação que constitui, na mulher, em sua maioria, a relação com a mãe, de quem, como mulher, ela realmente parece esperar mais substância que do pai — o que não combina com ele ser segundo, nessa devastação"[6]. O segundo na relação devastadora com a mulher é o homem com quem, de acordo com a observação freudiana, a mulher repete a relação que tinha com a mãe.

Violette é apresentada à escritora Simone de Beauvoir pelo romance *O convidado*, que lhe chama a atenção pelo número de páginas; "como uma mulher pode escrever um livro tão

---

[4] Do filme *Violette*, de Martin Provost, 2013.

[5] LEDUC. Violette. *L'Asphyxie*. Paris: Gallimard, 1946.

[6] LACAN, Jacques. "O aturdito". In. *Outros escritos*. Trad. Vera Ribeiro. Rio de Janeiro: Jorge Zahar Ed., 2003, p. 465.

grosso!"[7]. Tomada pela paixão que o livro suscita, Violette passa a seguir obcecadamente Simone de Beauvoir. Envia-lhe flores, vai aos bares onde Simone poderia estar, até que consegue lhe entregar o manuscrito de *Asfixia*, não sem mencionar que ali tinham mil páginas escritas. O que Violette pensava ser possível ou permitido para uma mulher? Seria a escrita fálica demais para uma jovem tão devastada?

Mas o que pareciam ser apenas as memórias de uma infância burguesa tornam-se, aos olhos de Simone de Beauvoir, um romance poderoso e intrépido. Ela sugere alguns cortes no manuscrito: retirar, primeiro, as referências ao pai porque "não são autênticas, você não sabe nada dele, ele é apenas um fantasma, foi a covardia dele que fez de você uma bastarda". "Em segundo lugar, retire as referências a Maurice, porque vocês são opostos. Apesar de ter incentivado sua escrita ele se esconde atrás das palavras enquanto você se desnuda" [8].

A asfixia, publicado pelo editor Albert Camus em 1946, não faz sucesso. Violette se exaspera. Beauvoir pede ao marido, Jean Paul Sartre, que a ajude com Violette e o acusa de não ter o mesmo empenho que dispensa a Jean Genet. À época, Genet já brilhava no meio literário, suscitando a admiração e a inveja de Violette que sempre o menciona como "o melhor". Genet insiste dizendo-lhe que a escrita dará a ela o que a sociedade a havia negado[9].

Sem sucesso, Violette devasta-se mais e mais até misturar seus escritos e memórias com o momento presente. Passa a ter alucinações visuais que remontam à sua origem. Em uma delas, vê sua mãe, já velha, vestida de noiva e grávida, socando o bebê ainda no ventre. A notícia da morte por execução de seu

---

[7] Do filme *Violette*, de Martin Provost, 2013.

[8] *Idem*.

[9] *Idem*.

amigo Maurice, a quem ela recusou a ajuda de se fazer passar por grávida de um filho dele para livrá-lo da perseguição nazista aos homossexuais, vem desestabilizá-la mais ainda. Ela escreve: "Meu amigo Maurice morreu. A morte. Eu tentava encontrar a palavra, uma sílaba não é muito longa para se atravessar. A morte. Pronuncie da forma que quiser"[10].

Violette acaba internada. Ao sair do hospital psiquiátrico, está destruída. A mãe lhe censura, lhe dá conselhos, fala e fala até que ela grita: "Cale a boca!!! Cale a boca!!!". Ao que a mãe pergunta: "o que eu lhe fiz de tão ruim para você ser má comigo?" "Eu. Eu. Você me fez e não queria, meu pai não me quis, eu sou uma bastarda, ninguém me quer"[11]. Isso nos deve evocar a conferência "Sobre a sexualidade feminina", na qual Freud descreve as reivindicações e exigências que uma filha endereça à sua mãe, culpando-a ou responsabilizando-a por todas as suas próprias faltas, inclusive por tê-la feito mulher[12].

A mãe a banha, veste, penteia, lhe pinta os lábios, apoderando-se novamente do corpo de Violette que, passiva, moloide, mantém-se imóvel, retomando a cena da infância na qual ela é um corpo entregue a uma mãe devastadora. Observamos aqui que as palavras *ravage* (devastação), *ravissement* (deslumbramento, rapto) e *ravinement* (arrebatamento) tem em francês a mesma etimologia no verbo *ravir* (raptar, roubar, arrebatar, extasiar). Entre uma mãe e sua filha, quando uma relação verdadeiramente devastadora se instala, seus corpos são afetados entre si. No seio dessa relação, há um corpo de mulher deslumbrante por ser eminentemente desejável. No lugar do *continent noir*,

---

[10] *Idem, ibidem.*

[11] *Idem, ibidem.*

[12] FREUD, Sigmund. "Sobre a sexualidade feminina". In. *O mal-estar na civilização, Novas conferências introdutórias à psicanálise e outros textos (1930-1936).* Trad. Paulo César de Souza. São Paulo: Companhia das Letras, 2010.

deixado por Freud como inacessível à psicanálise, além do lugar onde o próprio Freud descreve um apego escondido à mãe, representa-se um corpo deslumbrante que arrebata. Um corpo raptado. Essa cena do filme já citado é esclarecedora de tal rapto do corpo da filha por sua mãe. A observação clínica nos mostra que em casos menos graves, onde houve entre mãe e filha uma barreira mais eficaz imposta pelo significante do Nome-do-Pai, ainda assim ouvimos mulheres que não podem dar-se fisicamente a um parceiro, ainda que desejem isso, pois sentem-se culpadas em relação à mãe. Seus corpos não lhe pertencem. Estão raptados pela figura da mulher que é mãe.

Violette se recupera um pouco, o suficiente para ir ver Simone e lhe dizer que a mãe está lhe dando suporte. A devastação entre uma filha e sua mãe não é um duelo, nem a divisão de um bem, mas a experiência de dar corpo à raiva torturante e surda, presente no amor exclusivo entre elas pela expressão de uma agressividade direta. Elas quase precisam destruir-se fisicamente, no corpo a corpo, em uma tentativa desesperada de separação. A devastação é uma relação de mão dupla entre mãe e filha. Ambas se devastam.

Tanto no documentário sob a forma de filme como em seus livros, nota-se com clareza o deslizamento que a escritora faz da figura da mãe para outras mulheres e, principalmente, para Simone de Beauvoir. Violette torna-se dependente dessas mulheres que mima com flores, presentes ou roubando para elas. Ajuda no que pode, mas também suga e é sugada, exige, persegue, ama de forma erotômana, obedece humilhada e se anula diante do desejo do outro/mãe, além de implorar e exigir amor.

Em seu segundo romance intitulado, *A faminta*[13], publicado em 1948, a escritora nos fala do amor que o mundo lhe deve, um

[13] LEDUC. Violette. *L'Affamée*. Paris: Gallimard, 1948.

amor que afunda suas raízes no real cru e nu. Em 1955, incentivada por de Beauvoir, ela publica *Tereza e Isabelle*, romance com o qual pretendia descrever o mais exatamente possível as sensações experimentadas no amor físico entre duas jovens do colégio interno[14]. Sua vida sexual é ali descrita sem barreiras, sendo considerada escandalosa pelas editoras. A Gallimard censura algumas passagens e publica o livro.

Violette Leduc é voraz, escreve sem parar. Mesmo com o fracasso das vendas de seus livros e a consequente falta de dinheiro para sobreviver, o ato de escrever é para ela imperioso.

O conceito lacaniano de falasser, ser de fala que implica gozo, possibilita uma certa coalescência entre sujeito e obra, entre vida e obra sem ser psicologizante. Violette escreve e goza. Sua escrita é muitas vezes interrompida por um ato masturbatório, como se a escrita lhe animasse o corpo enchendo-o de vida, erotizando-o. A obra de Leduc é o tecido confeccionado do ser de fala e gozo que ela é como sujeito. Se para escritora Virginia Woolf só a escrita lhe dava corpo, para Leduc só a escrita lhe anima o corpo. Sem ela, Violette volta a ser o frango pendurado pela asa nas mãos de uma mãe devastadora, ou um corpo inerte, moloide, a ser banhado.

Lacan ressalta importância da escrita como um limite ao que pode ser alcançado pelos registros do imaginário e do simbólico, já que não temos acesso ao real. Esse limite é a letra. Que a letra seja a estrutura essencialmente localizada no significante[15] não impede que Lacan observe no que a letra é radicalmente diferente do significante. Ela é ruptura, litoral, borda entre saber e gozo. Assim, a escrita de Leduc situa-se no corpo e traz gozo.

---

[14] LEDUC. Violette. *Thérèse et Isabelle*. Paris: Gallimard, 1955.

[15] LACAN, Jacques. "A instância da letra no inconsciente ou a razão desde Freud". In. *Escritos*. Trad. Vera Ribeiro. Rio de Janeiro: Jorge Zahar Ed., 1998, p. 504-505.

Escrita através da qual ela se fala, se diz, se escreve, tecendo o sujeito que é. As marcas do corpo de Violette, como um campo de gozo, deixaram vestígios em toda escrita. Essa escrita, como diz Lacan, pode se depositar em outras superfícies, tanto no papel quanto na tela ou mesmo no papel higiênico[16].

A escrita de Violette Leduc é autobiográfica, mas, sobretudo, livre das amarras dos bons costumes, o que lhe permitiu se acercar do real do sexo. Sua narrativa põe às claras, sem medo, as relações lésbicas. Assim como Virginia Woolf — escritora e feminista que publicou em janeiro de 1928 o romance *Orlando*, no qual conta a história de um jovem inglês que durante sua estada na Turquia simplesmente acorda mulher —, com *Tereza e Izabel*, Violette Leduc, nos anos 1950, escreve de forma despudorada a relação de duas meninas adolescentes em um orfanato. Assim, essas escritoras foram de suma importância para os avanços sociais de uma época bastante hipócrita em relação às mulheres e à sua sexualidade.

Em 1955, Violette Leduc publica o livro *Ravages* (*Devastações*). Nele, a autora relata três experiências amorosas e sexuais que marcaram sua vida: a paixão por Isabelle, o relacionamento com Denise e o encontro com Jacques Mercier, com quem foi casada por um curto período, e que se encerrou com a tentativa de suicídio e um aborto já aos cinco meses e meio de gestação. "O bebê saiu aos pedaços, era ele ou eu. Não tenho remorsos, ele seria como eu e eu o mataria. Minha mãe não me matou e eu a culpo por isso. Estou sozinha, isso nunca muda. Sou um deserto fazendo monólogos, mas meu caso não é o único"[17].

Mais tarde, em 1972, no texto "O aturdito", Lacan utilizará o termo *ravage* para designar uma certa relação entre mãe e filha.

---

[16] LACAN, Jacques. *O objeto da psicanálise*. Inédito. Aula de 5 de janeiro de 1966.

[17] Do filme *Violette*, de Martin Provost, 2013.

A devastação é uma relação que tenta desesperadamente fazer existir a relação sexual, ou seja, tocar o real em sua vertente de impossível.

Violette Leduc não consegue se estabelecer como uma escritora de sucesso e diz a Simone de Beauvoir que não tem mais o que falar. "Meu lugar é dentro de mim, o resto é vaidade". Revela que sabe que seu salário é pago por Simone e não pela editora, mas Beauvoir retruca com aspereza: "Pegue a caneta e escreva. Agora você não é mais a mesma, seu modo de ver as coisas mudou". Violette uma vez mais obedece, escreve o livro *A bastarda* e retorna com seu manuscrito. Simone põe-se a lê-lo:

> Tenho medo de morrer, mas lamento estar no mundo. Nunca trabalhei nem estudei. Partirei do mesmo jeito que cheguei intacta. Eu só chorei e gritei, lágrimas e gritos levaram muito do meu tempo. Queria ter nascido estátua, sou uma lesma no meu estrume, carregada com meus defeitos que me atormentam. De braços cruzados briguei com as palavras Coragem, Força, Cultura.[18]

O livro é publicado em 1964 e o sucesso agora é estrondoso. A escrita salva Violette e a faz um sujeito para além da bastarda faminta e asfixiada. Simone de Beauvoir escreve no prefácio do livro:

> Violette Leduc não ameniza nada. A maioria dos escritores, quando confessa sentimentos ruins, retira deles os espinhos por sua própria fraqueza. Ela nos obriga a senti-los, nela, em nós, em sua hostilidade candente. Ela permanece cúmplice de seus

[18] LEDUC, Violette. *A bastarda*. Trad. Marília Garcia. Rio de Janeiro: Bazar do tempo, 2022, p. 29.

> desejos, rancores, mesquinharias: assim ela assume os nossos e nos liberta da vergonha: ninguém é monstruoso se todos nós o somos.[19]

Um dia, Violette encontra Simone destroçada, que lhe diz: "Enterrei minha mãe ontem na mais estrita privacidade, não queria ninguém lá. Estou mergulhada em remorsos. Um dia eu também estarei lá e, mesmo sabendo que será assim, isso me revolta." Violette responde com uma revelação: "espero que isso nunca aconteça comigo, perder minha mãe eu não sobreviveria"[20].

Violette Leduc morreu em maio de 1972, aos 65 anos — sete anos depois de publicar A *bastarda* e oito meses antes de sua mãe morrer —, deixando-nos, em seu romance, uma bela lição do que são as *ravages* entre mãe e filha, mas também sobre o que a arte literária pode fazer por um sujeito devastado.

---

[19] BEAUVOIR, Simone. "Introdução". In. LEDUC, Violette. *A bastarda.* Portugália, 1966.

[20] Do filme *Violette,* de Martin Provost, 2013.

CAMILLE CLAUDEL: SOLIDÃO E DESAMPARO DE UMA MULHER

Pricila Pesqueira[1]

O machismo massacra. Isso não é novidade, apesar da necessidade de ser constantemente apontado. No Brasil, a situação é vexatória sob diversos aspectos. Eu pensei em dizer: bem sabemos. Será? Segundo Neuza Santos Souza, inspirada em Darci Ribeiro, "o óbvio é aquela categoria que só aparece enquanto tal, depois do trabalho de se descortinar muitos véus"[2].

Camille Claudel também foi vítima do machismo. Para além da sua "personalidade difícil", nas palavras do irmão, para além de sua relação de devastação com sua mãe em que Rodin foi o segundo, o machismo contribuiu sobremaneira para a situação que se instalou na vida dessa mulher. Escultora talentosíssima, trabalhadora assídua, Camille não correspondia ao padrão "bela, recatada e do lar" esperado das mulheres no sistema patriarcal.

Nascida um ano depois da morte de um irmão de 15 dias, a mãe de Camille, quando do nascimento da filha "virou a cabeça e não disse mais nada durante algumas horas. Chorava apenas"[3].

---

[1] Psicóloga, psicanalista, mestre em Psicologia, membro do FCLMS e do Instituto Ágora. Contato: pricilasouzapesqueira@gmail.com.

[2] SOUZA, Neusa Santos. *Tornar-se Negro ou As vicissitudes da Identidade do Negro Brasileiro em Ascensão Social.* São Paulo: LeBooks Editora, 1982, p. 25.

[3] DELBÈE, Anne. *Camille Claudel, uma mulher.* São Paulo: Martins Fontes, 1988, p. 29.

Em suas crises de raiva, sua mãe lhe chamava de "a usurpadora"[4]. Entre Camille e sua mãe, havia um "ódio insano"[5]. Habilidosa com esculturas desde criança, encontrou no pai o incentivo que precisava. Mesmo a contragosto da esposa, a família se mudou para Paris para que Camille pudesse aprimorar seu talento.

Aos 19 anos, ela começou a se relacionar amorosamente com Rodin, seu professor. Rodin era um escultor exigente e renomado, casado com Rose. A relação profissional de Camille com Rodin é de aprendizagem, mas também de troca. Segundo Wahba, Rodin "deixava que ela moldasse pés e mãos de suas obras importantes, além de consultá-la em tudo que fazia, dado muito significativo ao se pensar em sua extrema exigência"[6]. Portanto, muitas obras de Rodin são marcadas pela presença de Camille, não só como musa, mas como interlocutora.

A mãe reprova declaradamente a profissão da filha, bem como sua relação com Rodin e os nus dos modelos. Em uma carta a Paul Claudel, em 1909, o pai de Camille se queixa do fato da esposa não querer sequer receber a filha em casa, mesmo para visitá-la.

Paralelo a isso, a relação amorosa com Rodin foi desastrosa. Quando Camille não aceita mais ser sua amante, depois de ter dedicado muito da vida a esse homem, monta seu ateliê e espera as encomendas. Elas não vêm! Não na medida necessária para sustentar sua profissão, sua vida, apesar da obstinação da Camille no trabalho e do seu talento. Reconhecida como discípula de Rodin, "sua carreira foi sofrendo dificuldades que se tornaram cada vez mais intransponíveis. Apesar do apoio dos críticos, a notoriedade não chegava e não apareciam encomendas ou prêmios oficiais, que sustentam o escultor e garantem sua vendabilidade"[7].

---

[4] *Idem, ibidem.*

[5] *Idem,* p. 38.

[6] WAHBA, Liliana Liviano. *Camille Claudel: Criação e Loucura.* Rio de Janeiro: Rosa dos Tempos, 2002, p. 28.

[7] *Idem,* p. 42.

Camille fica cada vez mais solitária, mais desapegada de si mesma: alimentava-se muito mal, passava frio, não tinha roupas suficientes. "O aspecto material era, infelizmente, muito real; ela afundava na miséria quase total. Na sua correspondência, os apelos de socorros financeiros são constantes, mas quando pede algo é sempre ligado a alguma produção"[8]. Em 1905, escreve uma carta "dizendo-se sem roupa como Pele de Asno e sem a esperança de ver chegar o seu príncipe"[9]. A solidão de Camille preocupava seu pai, sua dedicação intensa a profissão não deixava espaço para relações pessoais.

Algumas vezes, não recebia por suas encomendas. Pedia, então, para que Rodin intercedesse, mas ele fazia pouco[10]. Marcia Tiburi nos diz que "uma das maiores injustiças do patriarcado — ou a injustiça originária, aquela que se repete todo dia — é não tornar possível a presença das mulheres na história nem permitir que elas ocupem algum espaço de expressão na sociedade"[11]. Foi assim com Camille. Apesar de sua genialidade e dedicação ao trabalho, não encontrou o justo reconhecimento. Desse desamparo, participaram Rodin e o seu entorno: Paul Claudel — o irmão —, a mãe e a irmã mais nova. Mas também a sociedade como um todo, que frequentemente se omite diante das injustiças.

Diante de uma situação profissional muito delicada, de uma situação financeira insustentável, e do abandono de Rodin (tanto amoroso como profissional), Camille tem crises psicológicas nas quais destrói suas obras e delira. Uma semana após a morte do pai, é internada a força em um asilo de alienados. Segundo Elisabeth da Rocha Miranda, Camille Claudel "ilustra

---

[8] *Idem,* p. 39.

[9] *Idem, ibidem.*

[10] *Idem,* p. 302.

[11] TIBURI, Marcia. *Feminismo em comum: para todas, todes e todos*. Rio de Janeiro: Rosa dos Tempos, 2018, p. 51.

a experiência do gozo Outro como definitivamente devastadora, levando-a ao estado de sem-razão do qual Lacan nos fala no texto 'O Aturdito'"[12]. Do manicômio, nunca mais sai. Desse lugar, implorava para sair. Foram 30 anos até sua morte. Nesse lugar, nunca mais esculpiu e raramente recebeu visitas de sua família. Seu irmão Paul, o responsável legal pela internação, "permaneceu surdo aos anos de sofrimento e isolamento desesperador da irmã, violentamente desnecessários"[13].

Segundo Lacan, "tudo pode ser imputado à mulher, já que, na dialética falocêntrica, ela representa o Outro absoluto"[14]. Esse lugar de alteridade, é nossa obrigação torná-lo possível dentro da sociedade.

Marcia Tiburi nos diz: "A utopia feminista fala de um outro mundo possível, em que ser mulher não significa ser o destinatário de todo tipo de violência. Não devemos negligenciar que, no patriarcado, o destino das mulheres é a violência"[15]. E ainda: "[...] podemos sugerir aos machistas que esperem sentados em seus tronos de privilégios. Eles não perdem por esperar. Às mulheres, sugerimos que não façam o mesmo"[16]. Marcia Tiburi aposta na união como forma de fazer frente ao machismo. Eli Tupinambá também: "Nós mulheres, somos como água, juntas e em movimento, somos muito fortes"[17].

---

[12] MIRANDA, Elisabeth da Rocha. *O Gozo no Feminino.* Tese de Dissertação de Doutorado (UERJ). Rio de Janeiro, 2001, p. 1.

[13] WAHBA, Liliana Liviano. *Camille Claudel: Criação e Loucura.* Rio de Janeiro: Rosa dos Tempos, 2002, p. 50.

[14] LACAN, Jacques. "Diretrizes para um Congresso sobre sexualidade feminina". In. *Escritos.* Trad. Vera Ribeiro. Rio de Janeiro: Zahar, 199, 741.

[15] TIBURI, Marcia. *Feminismo em comum: para todas, todes e todos.* Rio de Janeiro: Rosa dos Tempos, 2018, p. 17.

[16] *Idem,* p. 61.

[17] TUBINAMBÁ, Eli. *Mulheres na Pandemia, Episódio 9: Mulheres Indígenas.* YouTube. Disponível em: https://www.youtube.com/watch?v=DoJF9PW1LCc. Acesso em 30 de julho de 2020.

FLORESCER: O DESPERTAR DA PRIMAVERA

JULIANA CRISTINA LOPES DA COSTA[1]

O despertar da primavera é o despertar das fantasias que, como Freud dizia, ficam adormecidas durante a latência e reaparecem na puberdade com mais ou menos culpa.

> Há flores por todos os lados.
> Há flores em tudo que vejo.
> — *Flores,* Titãs.

A primavera se mostra como numa metáfora, sob o efeito de uma tela pintada, que evoca a forma arcaica da adolescência. Valendo-se por velar a castração.

Os músicos florescem o espaço de alegria, seus talentos florescem. Anavitoria, Shawn Mendes, Ariana Grande, Sandy, Luan Santana, Selena Gomes, Amy Winehouse...

Nomes que remetem a histórias editadas as quais mostram que o sujeito é uma construção da linguagem, não necessariamente revelando sua verdadeira história.

---

[1] Juliana Cristina Lopes da Costa, Psicanalista, Psicóloga, membro de Escola e da EPFCL-Brasil, membro do FCL-MS e Ágora Instituto Lacaniano-MS. Contato: julianaclcosta@yahoo.com.br

> Era uma vez, poderíamos dizer dado que a história tem algo de fábula, ainda que envenenada, uma mãe solo que deu forma a uma saga milionária em uma cafeteria. Não havia calefação em sua casa, tinha um bebê para criar, e não queria que sentisse frio.[2]

Esse parágrafo poderia descrever a realidade de várias mulheres, mas é parte da história da britânica Joanne Rowling, escritora, autora das séries de livros: as aventuras do jovem bruxo Harry Potter.

> Sei que nem tudo são flores, flores
> — *Amores e Flores,* Melim.

Depois de tantas tentativas frustradas na intenção de publicar o livro, Joanne precisou convocar a letra "K" do nome do pai para editar sua história, baseada na dificuldade de os leitores comprarem um livro escrito por uma mulher, assim as capas foram creditadas a "J. K. Rowling". Contudo sua autorização decorreu mesmo do fato da filha do dono da editora ter lido os três primeiros capítulos e ter imediatamente querido o resto. A jovem foi capturada pelo significante linguístico.

O encontro e a conexão com a leitura são urgentes quando se fala de criança e adolescente; inventar um estilo de escrita que prenda a atenção do jovem é algo cada vez mais urgente, em tempos de jogos, *youtubers* e escolas *on-line.*

O mundo virtual se tornou o social, e não me refiro a um tempo particular que vivemos — pandêmico —, mas ao tempo

---

[2] FERNÁNDEZ, Laura. Ascensão e queda de J. K. Rowling. El País/ Cultura. Barcelona-12 Jul 2020. Disponível em: https://brasil.elpais.com/cultura/2020-07-12/ascensao-e-queda-de-j-k-rowling.html, acessado em 18 de outubro de 2022.

de adolescer, fase em que se pensa que se terá mais liberdade, em que se poderá fazer o que quiser. Só que não!

Onde acabam os porquês universais e iniciam os porquês individuais; por que eu não posso? Por que só eu?

Tudo muda: a aparência, o corpo, o estilo, o humor. Ah, o humor! Lacan no *Seminário 10*, sobre a angústia, nomeia o mau humor como o afeto que não encontra alojamento a seu gosto.

O estranho se apresenta, as diferenças surgem. Crescer dói, encanta, embeleza, aguçam os sentidos, as sensações, as discussões, desilusões.

> Desilusão, desilusão
> Danço eu, dança você
> Na dança da solidão[3].

Intensidade, palavra imperativa para a quantidade de curtidas, publicar para uns é se mostrar, chamar atenção, diferenciar, *friend zone*, tribo, um social. Enquanto para outros destaca o medo, a timidez, a insegurança, sair, agrupar, juntar é ficar no vácuo.

Certeza e incerteza é a inércia contida na adolescência, lugar que se caracteriza pelo viço, pelo frescor. O romance é o ápice diante do desejo singular de cada um — que aponta para o sexo.

Se para Lacan, o despertar do sexo demarca a especificidade da adolescência, em Freud, observamos em Dora, o sono só era atrapalhado pela danada da tosse — sono que, na jovem homossexual, correu o risco de ser eterno.

Salve! Hermione Jean Granger.

Moça intrigante, personagem dos filmes da série *Harry Potter*, está longe de ser aquela dos contos de fadas. É uma bruxa, membro da casa Grifinória, de cabelos indomáveis e livres.

---

[3] *Dança da solidão,* Marisa Monte.

A personagem é um misto de tagarelice, coragem e inteligência. Como a rosa do deserto, Hermione floresceu. Dona de uma consciência feminista muito forte, ela embarca na história para provar que seu esforço em estudos constantes na biblioteca se faz recompensador, é considerada a bruxa mais brilhante de sua idade.

Entretanto sua história não traz somente triunfo. No princípio pensavam que ela fosse detestável, irritante e egocêntrica, assunto recorrente na juventude feminina, o mico, o tirar onda, a pergunta boba na sala de aula.

Hermione vai crescendo, a magia está à flor da pele, ela faz poção, feitiço e até possui um dispositivo chamado vira-tempo que permite voltar no tempo e conseguir assistir um número infinito de aulas tornando-se o cérebro por trás dos planos.

Que bom seria se toda a criança pudesse se utilizar do feitiço *RiddiKulus*, o qual é usado para combater o bicho-papão tão temido por elas. Quem sabe, ele poderia ser usado contra o homem do saco, o tio que estupra, a madrasta que espanca e envenena a enteada.

A revolução traz um tom de rebeldia. Na Palestina, um jovem foi flagrado escalando a parede do hospital para acompanhar pela janela a mãe infectada por coronavírus. No Afeganistão, as jovens fazem vestibular na praia cumprindo o distanciamento social e dizem que nada as impede. A juventude desempenha um papel importante na comunidade local e virtual, imprimindo suas demandas na política, na economia e na cultura do mundo.

NUNCA HOUVE HISTÓRIA MAIS BELA[1]

MARIA ANITA CARNEIRO RIBEIRO[2]

O que o estudo da adolescência pode nos ensinar sobre a psicanálise? Muito, e não é por acaso que a mais bela história de amor de todos os tempos é uma história de adolescentes: *Romeu e Julieta*, de William Shakespeare.

A história em si é considerada verídica por muitos autores, tendo ocorrido, segundo algumas fontes, no século XIV. Assim sendo, como a maioria das obras de Shakespeare, não era original: seu texto é baseado num poema, *A história trágica de Romeu e Julieta*, traduzido para o inglês por Arthur Brooke, do original italiano de Bandello. A tradução é de 1562 e a peça de Shakespeare de 1596, ou seja, está completando 400 anos. Tal como em *Hamlet*, e em várias outras peças, a grandeza da tragédia não está na originalidade de seu tema. Mas naquilo que da verdade o artista nos aponta no poema. Talvez aqui, mais do que em outras obras, a beleza do manejo da linguagem

---

[1] Texto originalmente publicado no livro *Adolescência: o despertar/Kalimeros*. Escola Brasileira de Psicanálise – Rio de Janeiro. Heloisa Cladas Ribeiro e Vera Pollo (orgs.) Rio de Janeiro: Contra Capa Livraria, 1996.

[2] AME da Escola dos Fóruns do Campo Lacaniano e membro da EPFCL-Brasil e do Fórum do Campo Lacaniano – Rio de Janeiro. Mestre em Psicologia (PUC-RJ), doutora em Psicologia Clínica (PUC-SP), pós-doutora em Psicologia (PUC-RJ). Contato: mariaanitacarneiroribeiro@yahoo.com

se explicite de tal forma, que torna toda tradução uma pálida traição do original.

O enredo é por demais conhecido: Julieta é uma menina, "Ainda não fez catorze anos", e Romeu um garoto um pouco mais velho que, como os adolescentes costumam fazer, andam em bando. Seu grupo de amigos inclui Mercúrio, um piadista brilhante, mestre do trocadilho de insinuações maldosas, e Benvólio, cujo nome ao pé da letra é Bem-querer, seu primo e alma fiel que deseja a paz e tranquilidade. A intriga se desenrola a partir de uma luta de poder que se configura em uma inimizade mortal entre as famílias dos dois jovens: os Montecchios, família de Romeu, e os Capuleto, de Julieta.

No terceiro capítulo dos *Três ensaios sobre a teoria da sexualidade*, dedicado às metamorfoses da puberdade, Freud dá ênfase ao encontro com o real do sexo como a questão crucial do advento da adolescência.

> Como em todos os outros em que deve se produzir no organismo novos enlaces e novas composições em mecanismos complexos, também aqui podem sobrevir perturbações patológicas por interrupção destes reordenamentos.

A peça de Shakespeare é isto: das perturbações patológicas pela irrupção dos reordenamentos necessários à inclusão da nova variável — a sexualidade possível na adolescência, a partir da puberdade. Devemos aqui distinguir entre a sexualidade possível — e a peça inclui uma cena explícita pós-coito entre os jovens — e a relação sexual impossível, que é o próprio *leitmotiv* da tragédia.

Do encontro contingente entre os dois inimigos de nome — Montecchio e Capuleto — os jovens partem para o encontro possível na cama, e daí para o impossível do encontro harmônico, no qual a morte vem, muito freudianamente, representar a impossibilidade definitiva.

A sexualidade possível só assim o é mediada pelo falo, significante da falta que permite aos sujeitos femininos e masculinos se inscreverem na dialética do ter, e no amor darem o que não têm. Mas se o encontro possível no ato sexual depende do falo como intermediário, a própria condição do falo como "significante imaginário", ou seja, semblante por excelência, já denota este encontro possível como fugaz e o ato como falho. Como diz Lacan, em *O despertar da primavera*, "o despertar dos sonhos não é satisfatório para todos, mas se fracassa, é para cada um". A história de Romeu e Julieta é sobre o malogro do despertar dos sonhos, sobre a fugacidade do encontro possível e sobre a impossibilidade radical da relação entre os sexos.

A própria beleza exasperada do texto é utilizada pelo autor para levar o leitor/espectador à perplexidade. Pois se nos arrebata a abundância de metáforas sublimes ("Oh, fala de novo radioso anjo"), aliada à pregnância imaginária de uma história de paixão exacerbada, os trocadilhos, os jogos de palavras e as piadas inesperadas (sobretudo na boca de Mercúrio) esvaziam subitamente o excesso de sentido produzido, levando aquele que lê ou assiste a peça a se confrontar com o vazio desconcertante da significação.

Um exemplo disso é o fragmento de diálogo entre Romeu e Mercúrio na cena IV do 1º. Ato:

R: Tive um sonho esta noite
I dreamt a dream tonight
M: E eu, outro.
And so did I.
R: Bem, qual foi o teu?
Well, what was your?
M : Que os sonhadores quase sempre mentem.
That dreames often lie.
R: No leito dormem, sonhando coisas verdadeiras.
In bed asleep, while they dream things true.

Há aí um trocadilho, jogando com a homofonia e homografia do verbo *to lie*, mentir ou deitar, que configura um equívoco bem ao gosto de Lacan no *L'Étourdit*, e que aponta para o que o poeta sabe da verdade: que ela se enuncia no sonho — Freud, 1900 — e que tem a estrutura de ficção — Lacan, 1975. É das mentiras do sonhador — conteúdo manifesto, diria Freud — que algo de sua verdade — da causa de seu desejo, diria Lacan — vai se tecer no emaranhado dos conteúdos latentes, nas associações que interpretam o sonho.

É também Mercúrio que, ferido de morte por Teobaldo, joga ainda com o trocadilho, dizendo a Romeu: "Pergunta por mim amanhã, e encontrarás um homem sério como um túmulo" (*Ask for me tomorrow and you shall find me a grave man*). Grave significa sério e túmulo e, portanto, *grave man* é tanto um *homem sério* como *homem túmulo*, ou seja, morto. Shakespeare, muito lacaniano, sabe que o homem sério é o homem morto. O riso, último recurso frente à angústia, permite ao homem rir da morte e do sem-sentido do seu próprio destino.

Assim sendo, a própria estrutura da peça, jogando com o leitor/espectador o conduz a um para-além do dito, e convoca o dizer do ator (ou leitor) a encarnar a ambiguidade sublinhada pelo autor. No *Seminário 6*, Lacan comenta, a propósito de *Hamlet*, de Shakespeare, que não é à toa que vários atores ganharam a celebridade interpretando o desafortunado príncipe da Dinamarca. Poderíamos nos perguntar quantos atores estariam à altura de interpretar um Romeu ou um Mercúrio e, sobretudo, quão poucas atrizes estariam aptas a encarnar, com um mínimo de veracidade, a imortal Julieta.

Pois se ousamos dizer que a peça de Shakespeare pode falar da adolescência e nos ensinar sobre a psicanálise, é porque o saber que o poeta tem do inconsciente se encarna em personagens precisos, sobretudo nos heróis principais. Dois adolescentes, tão diversos, que buscam a união impossível para além da união dos corpos na cópula, esta sempre possível, exceto para aqueles que a elevam à impossibilidade ou à insatisfação por confundi-la com a relação sexual.

Na peça de Shakespeare, os dois heróis adolescentes investem com fúria num para além das aparências, num para além dos semblantes que os transforma nos ancestrais dos cara-pintadas, que pintavam o rosto para denunciar o que estava por trás das aparências de um governo corrupto. Romeu, cara-pintada, denuncia as aparências das palavras pintadas:

> R: Oh, tantas coisas primeiramente criadas do nada!
> Oh, pesada ligeireza, séria vaidade,
> Informe caos de sedutoras formas!
> Penas de chumbo, fumaça luminosa, chama gelada,
> Saúde enferma, sono em perpétua vigília.
> Que não é o que é!
> Tal é o amor que sinto, sem sentir em tal amor, amor nenhum!
> Não ris?

O questionamento de Julieta é ainda mais radical. Ela investe contra o nome e o denuncia como o semblante por excelência.

> Oh Romeu, Romeu, por que és Romeu?
> Renega teu pai e recusa teu nome;
> Ou se não o quiseres,
> Jura apenas que me amas
> E não serei mais uma Capuleto!

No entanto, para Julieta, não ser mais uma Capuleto não é grande façanha. Por amor, as mulheres renunciam a tudo, nos diz Lacan, a seus bens e a seu nome, que na verdade é o nome de seu pai. Mas o que Julieta visa é a mais, é, para além do nome, o âmago do ser de Romeu:

> O que há em um nome?
> O que chamamos rosa, com outro nome
> Exalaria o mesmo perfume tão doce;
> E assim Romeu, se não se chamasse Romeu
> Guardaria esta queria perfeição que possui o sem título
> Romeu, despoja-te do teu nome
> E em troca de teu nome, que não faz parte de ti,
> Tomam-me por inteira!

Tal é a subversão proposta pela paixão, o que nos faz indagar se os adolescentes, sob o impacto da descoberta do sexo, não são, como as mulheres (segundo Miller), amigos do real. No entanto, o amor, paixão do ser, cria um muro contra o real, mas é um a-muro frágil, contingente. Os dois adolescentes que se amam não amam do mesmo modo.

Romeu ama antes de tudo o amor, e encontra uma bela dama, sua mulher inesquecível, em cada esquina. Poderíamos mesmo especular se este não seria o destino de sua paixão por Julieta, caso as intrigas da peça não o tivessem levado ao fatídico fim. No 1º. ato, cena I, se desespera pelo amor de Rosalina, e já na cena IV, tendo entrado de penetra com seus amigos na festa dos Capuleto, diz ao ver Julieta:

> Porventura meu coração amou até agora?
> Jurai que não, olhos meus. Porque até esta noite
> Jamais conheci a verdadeira beleza!

Este é o mesmo Romeu que na cena II dizia sobre Rosalina:

> Uma mulher mais bela que minha amada?
> O sol que tudo vê, nunca viu
> Outra semelhante desde a aurora dos tempos!

Romeu ama o amor, as belas formas, ama enfim a beleza. Este é o amor dos homens, segundo o poeta. Freud aponta o olho como uma zona erógena privilegiada, que pode ser estimulada mesmo à distância pelos encantos do objeto sexual. "Parece-me indubitável que o conceito do belo tem sua raiz no campo da excitação sexual, e originariamente significou o que excita sexualmente." A palavra alemã *Reiz* significa tanto estímulo quanto encantos.

A própria Julieta parece suspeitar da leviandade do amado, na inesquecível cena do balcão:

> R: Senhora, juro por essa lua que coroa de prata as copas das árvores frutíferas...
> J: Oh, não jures pela lua, a inconstante lua que muda todos os meses sua órbita circular, a fim de que teu amor não se mostre igualmente inconstante.
> R: Por que devo jurar?
> J: Não jures de todo ou, se quiseres, jure pela tua graciosa pessoa, que é o deus de minha idolatria, e acreditar-te-ei!

O amor de Julieta é diverso do de Romeu: para além da "querida perfeição" do amado, seu desejo é desejo de desejo e, neste sentido, ela encarna o terrível sujeito do desejo, como Pensée de Coûfontaine na trilogia de Claudel. No seminário *A transferência*, Lacan comenta que, à diferença do herói da tragédia clássica, cujo destino está nas mãos dos deuses e que *não sabe*, como Édipo, do seu crime e que caminha cego para o castigo, na tragédia moderna, Deus está morto.

O herói por excelência da tragédia moderna é o Hamlet, também de Shakespeare. Já desde o início da peça o pai está morto e retorna das profundezas do inferno para clamar por vingança. É um pai morto e humilhado pois morreu "na flor dos seus pecados". O herói aqui tem que enfrentar não a fúria dos deuses, mas as vacilações do seu próprio desejo. Ao contrário do

Édipo, Hamlet sabe. Sabe da morte do pai, sabe do crime, dos pecados do pai e do gozo sem barreiras da mãe.

Na trilogia de Claudel, o pai também é humilhado. Na primeira peça, a heroína defende o nome Coûfontaine acredita no nome e, para salvar o Papa, o pai de todos, destrói sua vida e entrega seu nome e seu corpo ao inimigo. A segunda peça encena a morte do pai em pleno palco: um pai indigno, vilão, que recusa ao filho o próprio nome. Na terceira, finalmente, Pensée vem, pela via do desejo, redimir o destino destroçado dos Coûfontaine, apontando que um nome é só um nome, e que só se pode aceitá-lo verdadeiramente quando se sabe que ele encobre o vazio do impossível de dizer. Pensée, a heroína cega, encarna o implacável sujeito do desejo, e de tanto desejar se transmuta no próprio objeto do desejo, tal como Julieta.

Julieta é, então, uma digna antepassada de Pensée, que se pergunta, afinal de contas, o que é um nome e que não se deixa tomar, em nome do pai, pela inimizade entre os Capuleto e os Montecchio. Desde a primeira cena em que aparece, a heroína é marcada como uma mulher especial pelo poeta (cena III do 1º. ato). A ama conta repetidas vezes uma anedota ocorrida no dia de seu desmame, uma historieta graciosa que salienta a precocidade da menina. Filha amável e obediente, não reluta, em nome do amor, em enganar e mentir. Nem mesmo a morte do primo Teobaldo, seu grande amigo, pelas mãos de Romeu, o que num primeiro momento a lança em desespero e afasta de seu desejo:

> Devo falar mal de quem é meu esposo?
> Ah, pobre senhor meu!
> Que língua exaltará teu nome quando eu
> Há três horas tua esposa, o injuriei?

O desejo ardente que a move desde que conheceu Romeu a faz agir com uma falta de modéstia pouco comum nas donzelas casadouras. Já no primeiro encontro da festa em sua casa na qual Romeu entra de penetra, permite que o rapaz a beije, sem ao menos saber seu nome, e diz à sua ama:

> Vai perguntar-lhe o nome.
> Se for casado, temo que o túmulo será meu leito nupcial!

E ao saber de que se trata, exclama:

> Meu único amor nascido do meu único ódio!
> Cedo demais o vi, sem conhecê-lo,
> Tarde demais o conheci.

A própria Julieta se encarrega de esclarecer ao amado, na cena do balcão, a razão de sua conduta ousada:

> Em verdade, arrogante Montecchio, sou muito apaixonável e por causa disto poderás pensar que minha conduta seja bem leviana; mas acredite-me, gentil-homem, mostrar-me-ei mais fiel do que aquelas que têm mais destreza em dissimular. Devo confessar que deveria ter-me mostrado mais reservada, se não tivesses surpreendido minha verdadeira paixão amorosa antes que eu me desse conta. Perdoa, portanto, e não atribuas a um amor leviano esta fraqueza minha que a noite escura revelou.

Porém, mesmo a implacável Julieta, que investe contra os semblantes em nome do amor e do desejo, em nome deste mesmo amor e desejo, deixa-se enganar e tenta enganar o outro. Após a única noite de amor dos jovens, Romeu deve partir para o exílio por ter matado Teobaldo — são ordens do príncipe. Julieta, apaixonada, tenta deter seu amado.

Mas era a cotovia que com seu canto anunciava a aurora e os dois jovens devem se separar para se reencontrarem depois, uma única vez, no momento que sela seus destinos trágicos. Julieta, para escapar ao casamento contratado por seus pais, toma uma droga que lhe permite fingir-se de morta. Romeu vem a seu encontro e, acreditando-a morta, toma veneno e morre. Julieta desperta e vendo morto o seu amado, toma seu punhal bradando: "Oh, bendita adaga"" e apontando para o peito "Esta é a tua bainha. Enferruja aí e deixa-me morrer!" e, apunhalando-se, cai morta sobre o corpo de Romeu.

Enquanto os jovens adolescentes investem contra os semblantes em nome da verdade de sua paixão, os adultos — os pais — aqui comparecem como figuras fracas, tíbias. Frei Lourenço, com suas intrigas, faz Julieta fingir, mentir e trapacear, e termina, cheio de boas intenções, por levar os jovens à morte. Também aqui trata-se do pai humilhado da tragédia moderna: os pais dos jovens se dão conta tarde demais da vanidade de suas desavenças, e é sobre os corpos dos filhos que aprendem a lição. Tarde demais; o pai humilhado não salva seu filho.

São estas as lições que a adolescência nos dá e que o poeta nos ensina através da trágica história de amor: um nome é só um nome, e por trás dele nada há; a união perfeita não existe, nem a mais ardente paixão; e o pai não salva, o pai é fraco, o pai não protege seu filho da morte. Sobre o cadáver de Romeu, o velho Montecchio chora:

> Oh tu, leviano, que modos são estes
> De te lançares para o túmulo antes de teu pai!

A morte dos jovens, na flor da idade, no despertar dos sonhos, recai sobre os pais impotentes. Diz a senhora Capuleto:

> Ai de mim! Este espetáculo de morte
> É como um sino que chama minha velhice para o sepulcro!

Se o pai amoroso tem tantos nomes: frei Lourenço, Capuleto, Montecchio, o príncipe, "é que não há um só que convenha, a não ser o Nome do Nome do Nome". Se são tantos nomes, é que nenhum nome há para salvar o filho. Alertados pelas mortes precoces sobre a vã mesquinhez de suas disputas, os Montecchio e os Capuleto só podem se reconciliar quando tudo está perdido.

Ao príncipe, pai humilhado, chefe de Estado cuja autoridade não pode impedir, com uma ação enérgica, a matança, só resta concluir:

> Uma lúgubre paz acompanha esta alvorada.
> O sol não mostrará sua face devido ao nosso luto.
> Saiamos daqui para falarmos mais longamente sobre os acontecimentos
> Uns serão perdoados e outros serão punidos,
> Pois nunca houve história mais triste
> Do que esta de Julieta e Romeu.

Que se amaram de forma tão diversa, que nem no ato final se encontraram, ele bebendo o veneno, que não era dela, e ela, pelo golpe do punhal, que não era ele.

UM CONTO DE ALMA... KARÁGUEJÁ I

GLEYCIELLI NONATO [1]

Quando uma mulher dá a luz, seu corpo se
quebra em milhares de pedaços.
Seu coração alta bombardeando sentimentos ainda... Às vezes,
talvez, obscuros. Incompreendidos. Bons ou ruins.
O que mais lhe causa medo é a insegurança. A certeza de que a
partir daquele dia, está tudo incerto. Poderia dizer que mil e uma
coisas passam em nossas mentes. Mas a dor não deixa. Só a dor
ocupa o lugar de destaque. Só a dor te faz viver.
E de repente, um alívio. Um choro. A dor se torna poço sem fim.
Ela está ali, mas está distante. Não há espaço. Não que ela tenha
sumido, ou que tudo tenha clareado, mas a mistura de sentimento
faz como as cores quando se juntam, branqueiam...
Deu-se a luz, mas nem tudo está claro.

Quando estava próximo do parto, as mais velhas me levaram para o rio. De cócoras, com as mãos agarradas à galha de ingazeiro à

[1] Gleycielli Nonato é Indígena da etnia Guató do Pantanal de Mato Grosso do Sul; acadêmica de Letras e Literatura na UFMS Campus Coxim; escritora, radialista, comunicadora, ativista social e cultural; Membro da Academia de Letras do Brasil seccional Coxim, cátedra 11. Contato: glenonato.poetisa@gmail.com

beira da margem, fiz o canto virar grito. Tudo tão assustador e bonito. Já deitada na rede, dando de mamá, fiquei imaginando como eu estaria agora se escolhesse devolver a criança às águas.

Quando uma mulher é abandonada pelo marido aqui na aldeia, a regra é clara: a mulher, se estiver grávida, tem o direito de escolher se devolve a criança, deixando o rio levar ao nascer, ou se vai assumir o filho sozinha. No primeiro caso, devolvendo a alma da criança ao rio, ela pode se casar de novo e constituir nova família. Se assume o filho, tem que partir sozinha para a mata e ser mãe, caçadora, protetora… fera.

As mulheres da aldeia amparam a irmã, pelo menos até o período que a criança está amamentando. Trazem frutas, mel e caça. Para que ela fique forte e saudável para seguir sozinha. Todas estavam sentindo a mesma dor. A dor de ver a irmã com o filho nos braços, e um caminho incerto.

Dei à luz a uma menina. Uma forte menina de olhos de onça.

Precisava saber exatamente o que fazer com ela, é tudo tão difícil para uma mulher aqui. Se a esposa for abandonada, a culpa é dela. Mas como ser feliz com um filho debaixo da cachoeira? Ou com a incerteza se vai ou não ser abandonada novamente?

As mulheres da tribo têm coração bom. Não gostam da mulher que toma o marido da outra. Mas preciso falar para a minha filha ao longo da sua vida que a culpa não é da outra, a culpa é dele. Talvez tenha colocado mel de jati nas frutas dela, como colocou na minha. Ele adoçou os nossos destinos amargos, mas quem se lambuzou de mel foi só ele.

As irmãs trouxeram uma trouxa de frutas, havia dois pássaros mortos e já depenados pendurados no cipó. Um pouco de farinha de mandioca e ervas para remédio, se precisasse. Ganhamos uma lança bonita enfeitada de penas de periquito. Fiz um arco e várias flechas, amarrei-as nas costas. Coloquei a menina deitada no peito, assim minhas mãos ficariam livres para defesa.

Preferi sair de noite.

A menina já estava forte e eu, preparada para sair da aldeia. Escolhi uma noite de lua alta, lua cheia, quis sair nas bênçãos da Mãe, porque ela sabe clarear o caminho de uma mulher. Naquela noite de lua clara, eu olhava para ela e sentia como se ela me chamasse; não estava triste, não estava só; algo preenchia de coragem meu peito e um pulso assustador. Minhas irmãs cantaram uma cantiga de força, que dizia que o ventre que dá à luz traz também a força da Deusa. Gritavam palavras de encorajamento, mas nos seus olhos desciam lágrimas. Atravessei o rio, minha filha e eu. Era tempo de pouca chuva, a água batia nos joelhos, mas mesmo assim estava forte a corredeira. Muitas pedras nos meus pés, mas aquelas seriam as primeiras pedras do meu caminho. Eu ainda não sabia para que lado estava o meu caminho...

Ouvi os cantos das irmãs mais distantes, elas cantavam para eu me sentisse forte para seguir, só que eu não sentia, mas tinha que ser forte. E tinha que seguir. No meu peito, ainda dormindo, uma menina que podia ter sido devolvida às águas e deixado minha vida mais fácil, mas um dia um pássaro azul de caldas vermelhas disse à minha mãe que nada pra mim seria fácil.

Depois da curva da cachoeira já não podia ouvir as minhas irmãs cantarem. Ouvia o som dos bichos noturnos. A lua estava tão clara que nada parecia assustador. Minha menina acordou para mamá. Então achei uma árvore de galhos confortáveis, parecia até ser rede, com seus troncos deitados. Subi na árvore, achei um canto confortável e me encostei para alimentar minha menina. Pendurei minha comida no galho e por um instante inclinei minha cabeça e fechei os olhos. Não sonhei, eu apaguei. Quando acordei, já estava me despedindo da lua para ver o sol.

Aproveitei os primeiros raios desse sol e caminhei até encontrar uma capoeira. Bem pertinho havia um riacho e, mais à frente, montanhas de pedras altas; parecia seguro.

Quando o sol estava alto, já havia caminhado bastante. No arder do sol, parava na sombra de uma grande arvore, descansava, colocava a menina para dormir, me alimentava um pouco e criava coragem. Todos os dias subia o córrego, sempre no frescor da manhã e no finalizar do dia. Andei subindo o riacho até encontrar outro riacho e assim encontrar outra capoeira.

Um dia resolvi parar, parecia ter encontrado o lugar ideal. Fiz uma morada fixa, mais forte do que as outras que ia deixando para trás; trancei uma rede, fiz fogo, achei cabaça e frutas cheirosas. Fiz, do barro da beira do riacho, potes de vários tamanhos. Plantei mandioca, amendoim e guaraná. Armei arapucas, fiz ceva com a tripa das caças. Dormia em silêncio e acordava em paz. O tempo foi passando, minha menina foi crescendo, e ela ainda não tinha nome. Não quis dar a ela algo que não fosse do seu agrado. É muito difícil tomar uma decisão sem ter uma sábia por perto. Eu tinha que ser a guerreira, a caçadora e a sábia. Eu tinha que ser mãe por inteira, apenas mãe. Essa foi a minha escolha.

Junto com as sementes e raízes que havia ganhado de minhas irmãs quando saí da aldeia, tinha uma erva que servia para tudo. Carregava sempre comigo um punhado daquelas folhas. Demorou fazer brotar, tive que esperar a lua certa, e fiz moita de tanta que nasceu. Essa erva com guaraná em água de chuva abaixava febre de criança e deixava forte para se alimentar; amassada no pote com banha de peixe, tirava coceira do pé e seu sumo cicatrizava ferida. Sempre mostrava para a minha menina como plantar e como colher não só essa erva, mas todos os alimentos. Ela estava tão pequenina nessa mata gigante, mas carregava consigo, dentro de uma cumbuca, um punhado da erva que servia para tudo.

Um dia, lavando os potes na beira do riacho para enchê-los d'água, olhei para o lado e não vi minha menina ali. Ela ficava brincando, jogando pedaços de cascas de mandioca para os peixinhos e conversando com eles. Larguei tudo e olhei para o riacho, fiquei com medo de ter poços, ela podia ter caído em um deles. Por que uma mãe sempre pensa o pior? Meu medo gelou meu peito eu não conseguia pensar direito, só agir.

Corri para o outro lado, andava na margem e não encontrava nada. Até que ouvi um som que sempre temera. Era de onça. E vinha perto da morada. Fui seguindo o som correndo na mata como uma fera corre atrás da presa. Mas corria pela vida, não pela morte. Quando cheguei em uma grande rocha que estava coberta pelas folhagens, o meu medo cresceu em proporções de floresta. Uma onça estava deitada no chão coberta por sangue, uma lança cravada no seu pescoço, ainda amamentando um pequeno filhote, que sugava o resto de vida daquela mãe. Minha filha havia tirado a lança e, com as ervas que sempre carregava, tentava estancar o sangue. Eu cheguei perto, comecei a ajudar a minha menina, que pedia com os olhos para eu salvar aquela fera. Mas não tinha mais jeito. A fera me olhou nos olhos e, em um gesto protetor, empurrou com as patas o seu filhote em direção da minha menina, que o pegou no colo e saiu brincando com ele nos braços. Eu sentei a cabeça da onça em meu colo, e com carícias passava a mão entre suas orelhas, dizia a ela que poderia ir em paz, pois cuidaria da sua cria com o mesmo zelo que cuido da minha. Cantei uma cantiga da Grande Mãe, me despedi dos seus olhos, até que ela parou de respirar. Com muito custo, arrastei o seu corpo até o riacho, na parte mais funda e cheia de corredeiras. Deixei-a descer o rio, devolvi sua alma às águas.